Inhalt

Einleitung zur Ausgabe 2004

Als Ian McCann vor über einem Jahrzehnt damit begonnen hat, an diesem Buch zu arbeiten, fragte er mich, ob ich Lust hätte, ihm ein wenig dabei zu helfen. Ich denke, wenn mir damals der Umfang dieser vor uns liegenden Aufgabe bewusst gewesen wäre, hätte ich sicher einige sehr gute Ausreden gefunden, um nicht mit einbezogen zu werden. Als ich später gebeten wurde, die Neuauflage dieses Buchs auf den aktuellen Stand zu bringen, war es sofort klar, dass eine komplette Auflistung aller Tracks der nach Marleys Tod erschienenen Bob Marley & The Wailers-Alben sich als viel zu umfassend erweisen würde. Es hätte den vorgegebenen Rahmen dieses kleinen Buchformats tatsächlich gesprengt, so dass wir uns letztendlich dazu entschlossen haben, lediglich eine kurze Zusammenfassung von jedem „neuen" Album abzugeben.

Dieses Buch listet nun also sämtliche zu Bobs Lebzeiten erschienenen LPs auf und schließt die Tracks mit ein, die als neue und aktualisierte Ausgaben sowie als Alben mit bisher unveröffentlichtem Material, seltenen Aufnahmen und Remix-Projekten auf den Markt kamen. Viele engagierte und hingebungsvolle Anhänger der Musik und der Hinterlassenschaft von Bob Marley & The Wailers haben unermüdlich daran gearbeitet, die umfangreichen, intelligenten und einfühlsamen Neuerscheinungen von Bobs Musik zusammenzutragen, und auf diese Veröffentlichungen haben wir uns hier zusätzlich konzentriert.

Die meisten Menschen scheinen nicht zu wissen, dass Bob auf seinem Weg zum Weltruhm nicht mit den Island/Tuff Gong-Alben begonnen hatte, sondern dass er, schon ein Jahrzehnt bevor „Catch A Fire" erschien, in Jamaika bereits ein Star war. Seine Arbeiten aus eben dieser Zeit machen den größten Teil der „neuen" CDs und LPs aus. Leider ist die Menge der mehr oder weniger durchschnittlichen CDs, die alle mit ähnlichen Zusammenstellungen der alten Songs aus den Beverley's-, Upsetter- und JAD-Katalogen auf dem Markt erschienen sind, ziemlich unüberschaubar. Sicherlich gibt es kaum Zweifel daran, dass der größte Teil dieser Musik wirklich gut ist, aber diese Veröffentlichungen tendieren oftmals dazu, Bobs Hinterlas-

Bob Marley & The Wailers

Ian McCann & Harry Hawke

Story *und* Songs *kompakt*

Bosworth
Berlin – London – Wien

Impressum

Deutsche Übersetzung: Helmut Müller
Lektorat: Monika Krämer
Satz und Layout: Tilo Müller
Coverdesign: Chloë Alexander
Fotos: LFI

BOE 7107
ISBN 3-936026-92-0
ISMN M-2016-5042-5

Printed in the EU.

www.bosworth.de

senschaft nicht genügend zu würdigen. Allesamt sind sie preislich sehr attraktiv, doch für die gelegentlichen Plattenkäufer dürfte es fast unmöglich sein, sie alle auseinander zu halten, da sie einander oft ziemlich ähnlich sind. Und wenn sie dann gekauft worden sind, werden viele darüber enttäuscht sein, dass diese Musik nicht so klingt wie Bob Marley & The Wailers auf dem *Legend*-Album.

Der Ur-Sound des Reggae aus der Mitte der Siebziger ist heute in der ganzen Welt bekannt. Natürlich ist in erster Linie die Popularität von Bob Marley & The Wailers dafür verantwortlich, doch von den Musikwissenschaftlern werden Ska, Rocksteady und der frühe Reggae immer noch als die wahren Richtungsgeber angesehen. Somit gibt es wohl kaum einen wirklichen Anhaltspunkt für den sporadischen Musikkäufer, und die Bob Marley & The Wailers-Abteilungen in den meisten Plattenläden ähneln oft einem musikalischen Minenfeld.

Wir sind davon überzeugt, dass dieses Buch Ihnen helfen wird, dort unbeschadet hindurchzufinden.

Harry Hawke, Dezember 2003

Einleitung zur Ausgabe 1993

Als Omnibus mich darum bat, dieses Buch zu schreiben, empfand ich vor dieser Aufgabe – abgesehen davon, dass es mir sehr schmeichelte – eine gewisse Furcht. Bob Marleys Werk zu erfassen ist an sich schon eine Mammutaufgabe, aber es in Worte zu kleiden ist fast unmöglich. Trotzdem, einmal musste sich ja jemand an diese Arbeit heranwagen. Warum dann nicht ich? Marley ist international als der bedeutendste Vertreter des Reggae anerkannt und einer der ganz wenigen „Rock-Acts", auf die man stets gerne zurückgreift und deren Musik trotzdem immer so frisch wirkt wie eh und je. Gelegentlich mag das eine oder andere seiner Alben schrecklich klingen. Doch befindet man sich später dann in einer anderen Stimmung, wird man es durchaus wieder verstehen. Es gibt für jeden wenigstens ein Marley-Album, das ihn tief in seiner Seele berührt: Man muss nur das richtige finden. Ich hoffe, dieses Buch wird Ihnen bei der Auswahl behilflich sein.

Abgesehen von der Auflistung seiner Alben habe ich versucht, auch einige der Widersprüche und Rätsel aufzulösen, die Marleys Fans und die Sammler seiner Platten schon seit Jahren verwirren. Somit werden die Informationen in diesem Buch zwangsläufig gelegentlich mit denen in anderen Veröffentlichungen kollidieren. Ungenaue oder falsche Informationen, die einst in einer Zeitung zu lesen waren, wurden wiederholt ungeprüft von anderen Blättern übernommen. Wo immer es mir möglich war, habe ich versucht, diese Geschichten so gut wie möglich aufzuklären. Das Album *Soul Revolution II* ist ein gutes Beispiel dafür: Warum kam dieses Vocal-Album mit einer Plattenhülle heraus, die offensichtlich zu der Dub-LP gehörte? Das ist für die Sammler immer wieder ein kleines Mysterium, besonders wenn man bedenkt, dass das Dub-Album zunächst vermutlich überhaupt kein Cover hatte ... Auch andere Fragen werde ich hier hoffentlich endgültig klären, wie zum Beispiel die, woher die Aufnahmen der Trojan-LP *In The Beginning* tatsächlich stammten – ganz gleich, was auf dem Plattencover zu lesen ist. Und was für eine Rolle spielte das Tuff Set-Label wirklich? Die Sammler werden fasziniert sein, hoffe ich.

Sollten Sie nun kein fanatischer Marley-Anhänger sein, aber eins von seinen Sampler-Alben besitzen und nach einigen Tipps für weitere ähnliche Plattenkäufe suchen, dann ist dieses Buch auch für Sie gedacht.

Erscheinungsdaten. Jeder, der sich auch nur einmal ansatzweise mit der Geschichte der Reggae-Musik beschäftigt hat, erkennt sofort, dass es ein weitaus komplizierteres Geschäft ist als das der Rock-Welt. Labels kommen und gehen; Künstler haben in ihrer langen Laufbahn für Hunderte Plattenfirmen aufgenommen, und selbst wenn Sie jemandem gegenüberstehen, der diese Zeit miterlebt hat, bedeutet das nicht, dass er sich noch genau daran erinnern kann, welcher Song zu welchem Zeitpunkt auf den Markt kam. Es kam durchaus vor, dass die Musiker pro Monat für drei verschiedene Firmen Aufnahmen machten. Und dabei hatten sie dann innerhalb eines Monats möglicherweise ein und denselben Song für drei verschiedene Labels aufgenommen. Aus Monaten werden Jahre, und ohne den konstanten Druck einer A&R-Abteilung oder eines Presse-Büros, die einen Rock-Künstler immer wieder daran erinnern, wo er sich gerade auf seiner Karriereleiter befindet, gehen genauere Informationen über Reggae-Musiker schnell verloren. Und am Ende können wir und auch die Künstler selbst nur noch Vermutungen anstellen.

Hinzufügen möchte ich noch, dass einige Diskografien die Veröffentlichungen allgemein zu früh datieren. Daher werden wir manchmal dazu verleitet zu glauben, die ersten Rocksteady-Platten seien bereits 1965 aufgenommen worden (unmöglich), oder dass Bobs Ska-Musik allen anderen zwei Jahre voraus war. Es wird auch oft behauptet, Marleys UK-Veröffentlichungen in den Sechzigern seien bis zu zwei Jahre später auf den Markt gekommen als in Jamaika. Sie mögen zwar in einigen Fällen hin und wieder sechs Monate später erschienen sein, doch jede andere Behauptung ist einfach lächerlich: Die Leute im britischen Reggae-Business waren im Großen und Ganzen mit der Szene in Jamaika vollkommen vertraut. Viele von ihnen (so wie Rita & Benny King, die das Ska-Beat-Label führten) besaßen außerdem noch sehr bekannte Plattenläden. Damals wurden aus Jamaika schon ebenso viele Platten importiert wie heute. Können wir also wirklich annehmen, dass die Inhaber eines Plattengeschäfts eine so populäre Musik erst Jahre später herausbringen würden, lange nachdem die Nachfrage an Importen versiegt war? Natürlich nicht.

Einige Daten, die ich hier anführen konnte, sind lediglich Vermutungen, die aber auf gewissenhafte Recherchen beruhen, bei denen der Sound der Platten mit dem anderer Aufnahmen aus dieser Zeit verglichen wurde. Natürlich haben wir die Daten in Zusammenarbeit mit maßgeblichen Fachleuten immer wieder überprüft und mit Büchern und Zeitschriften sowie mit Hilfe einer Reihe von Experten aus England abgeglichen. Sie mögen nicht alle hundertprozentig stimmen, aber ich habe mich soweit wie möglich bemüht, korrekte Angaben zu machen.

Marleys Songs sprechen ausdrucksvoll für sich selbst. Doch sie erzählen nichts von ihren Ursprüngen. So kommt es, dass der Leser bei Songs wie *Keep On Moving* oder *Stand Alone* auf frühere Einflüsse, frühere Versionen oder bedauerlicherweise auch auf frühere Autoren verwiesen werden muss. Ich hoffe, dass dies nicht zu viele Gerichtsverfahren nach sich ziehen wird! Es war nicht ungewöhnlich – und leider ist es auch heute noch nicht ungewöhnlich –, dass die Reggae-Produzenten, für die ein Künstler in Jamaika gearbeitet hat und denen die Tonstudios, die Plattenfirmen und die Musikverlage gehörten, ihre Musiker völlig darüber im Dunkeln ließen, wie das Musikgeschäft tatsächlich funktioniert. Daher kommt es, dass ein Album wie *African Herbsman* zum größten Teil von Lee Perry für den Vertrieb in Großbritannien lizenziert wurde und fast alle Rechte an den Songs ausschließlich dem Produzenten zugeschrieben werden. Perry mag ja all diese Songs geschrieben haben, für die er auf der Hülle genannt wird, wer weiß das schon. Aber wenn das stimmen sollte, muss man sich fragen, warum auf dem *Kaya*-Album, auf dem drei dieser Lieder enthalten sind, Bob Marley als Autor genannt wird? Im Reggae sind die Komponistenrechte ein wahres Schlachtfeld.

Doch trotz alledem gibt es die Musik. Bob Marleys musikalisches Schaffen war viel umfangreicher, als sich viele vorstellen können, und ich garantiere Ihnen, dass Sie auf jedem Album, das unter seinem Namen veröffentlicht wurde, etwas finden werden (vielleicht nicht alles, aber in einigen Fällen doch alles), das Ihr Herz höher schlagen lässt. Marley mag zwar nicht der Heilige gewesen sein, als den einige ihn sehen und präsentieren. Marley mag vielleicht ein raffinierter Geschäftsmann und ein zäher Verhandlungspartner gewesen sein. Marley mag der ehrlichste Mann in der Musik gewesen sein. Er mag ein Frauenheld gewesen sein, oder einfach ein Mensch, der eine Menge Liebe zu geben hatte. Er mag ein Prophet gewesen sein, oder aber nur ein weiterer Bänkelsänger mit einem gewissen Gespür für tiefgründige Songs. Heute ist das alles nicht mehr so wichtig. Was zählt, ist die Musik. Diese Musik spricht für sich selbst. Ich hoffe, dass Ihnen dieses Buch dabei helfen wird, das zu hören, was sie zu sagen hat.

Ian McCann, Oktober 1993

Danksagungen

Harry Hawke:

Meine Liebe und Dankbarkeit geht wie immer an Anna, Maria & Emanuel, meine Mutter und meine ganze Familie; danke an Ian McCann, meinen engen Freund; an Paul Coote, Dave Hendley und Chris Lane, deren ungeheurem Wissen und Kenntnissen ich immer und immer wieder vertrauen konnte; an Trevor Wyatt; an Laurence Cane-Honeysett und Vicky Spelman von Trojan/Sanctuary Records; an Tower Records, Piccadilly Circus (London); an Chris Charlesworth und Andy Neill von Omnibus Press.

Ian McCann:

Mein tiefempfundener Dank und meine Liebe gehen an meine Frau Joan, Sam & Kitt; an Paul Coote, den Mann, der so manches obskure Rätsel lösen konnte; an Danny Kelly, der selbst in den stürmischsten Zeiten niemals Nein sagen konnte; an Trevor Wyatt und seinen Pappkarton; an Rob Partridges phänomenales Gedächtnis, Gaylene Martin; an Nick White and the Famous Canadians; an S. Mudgegrove; an meine Redakteure von NME, VOX, Music Week, Billboard, Zit und anderen; an John McGillivray Pat, Hortense und alle anderen bei Dub Vendor; an Chris Lane; an Judy Mowatt, Family Man; an alle bei Tuff Gong; an die Bob Marley-Foundation; an Carl Bradshaw, Gillie Dread, Harry Hawke, Chris Blackwell, Rod Hull & His Emu, Prince Paul, Bunny Lee, Lee Perry, The Third Ice Cream Man, Baby Fish, David Corio, Pater Tim Finigan, Dot von Trojan, Dixie & Susan, Steve Lamacq, Andrew Collins und Patrick Humphries; und an all jene, die mir mit ihrem Wissen und ihrem Können über die Jahre geholfen haben: Ihr wisst schon selbst, wen ich meine. Ein großes Dankeschön auch an Mum & Dad.

Die folgenden Bücher wurden gnadenlos ausgebeutet und missverstanden: „Catch A Fire“ von Timothy White (Omnibus); „Bob Marley“ von Stephen Davis (Doubleday); „Bob Marley, Soul Rebel,

Natural Mystic" von Adrian Boot & Vivien Goldman (Eel Pie/Hutchinson); „Bob Marley In His Own Words" von Jove (Omnibus); „Heavy Streggae A Leggo" von Professor Winifred Morgan (Labrish).

Bob Marley – Der Mensch

Robert Nesta Marley wurde am 6. Februar 1945 in Jamaika in Nine Mile, St. Ann als Sohn eines englischen Armee-Hauptmanns und eines gottesfürchtigen jamaikanischen Landmädchens geboren. Schon als kleines Kind musste Marley mit seiner Mutter in ein Armenviertel der Hauptstadt Kingston ziehen. In den frühen 60er Jahren begeisterte sich der jugendliche Marley wie jedes andere Ghettokind auch sehr für das gerade entstehende Musik-Business Jamaikas. Im Jahr 1962 nahm er für das Beverley's-Label des Produzenten Leslie Kong seine erste Platte *Judge Not* auf. Ihr war allerdings wie den beiden Nachfolgern *One Cup Of Coffee* und *Terror* kein besonderer Erfolg beschieden.

Marley stellte nun zunächst mit seinem Freund Neville O'Reilly Livingston, besser bekannt unter dem Namen Bunny Wailer (geb. 1947), eine Gesangsgruppe zusammen, der sich später der quirlige Jugendliche Peter Tosh (Winston McIntosh, geb. 1944) und Junior Braithwaite, ein jüngerer Sänger mit einer Stimme wie ein ungeübter Michael Jackson der Motown-Ära anschlossen. Beverly Kelso gehörte ebenfalls zu dieser Horde. Auf einigen Aufnahmen aus dieser alten Zeit sind außerdem Cherry Green, Constantine Walker, Marlene Gifford und später noch Rita Anderson zu hören.

Sie nannten sich The Wailers und orientierten sich an amerikanischen Gesangsgruppen wie The Impressions oder The Drifters, obwohl ihre ersten Platten, die unter der Schirmherrschaft des Produzenten Clement „Sir Coxsone“ Dodd in dessen Studio One-Gebäude in der Brentford Road in Kingston aufgenommen und zum größten Teil auch über Dodds Studio One-Label veröffentlicht wurden, pures Jamaika waren und nichts mit der Sanftheit des amerikanischen Soul gemein hatten. *Simmer Down* war ihr erster Hit (1964), gefolgt von *I Am Going Home, Mr Talkative* und vielen mehr. 1965 verließ Junior Braithwaite die Gruppe, um in Amerika ein neues Leben zu beginnen, und bald darauf ging auch Beverly Kelso. Nun waren sie lediglich noch ein Trio, doch The Wailers schrieben weiter ihre kleinen regionalen Hits; ihr Satzgesang war mittlerweile stark genug, um mit jedem ihrer jamaikanischen Konkurrenten mithalten zu können, auch wenn sie sich weitaus weniger Studiozeit leisten konnten, als es den amerikanischen Acts zugestanden wurde. Marley, Tosh und Livingston teilten sich die Sangespflichten und jeder von ihnen hatte eine Menge zu bieten, allen voran Marley, der sein Bestes tat, um wie ein echter harter Soulmann zu klingen, dann Tosh, der sein raues herablassendes Bellen zum Besten gab und Bunny, dessen sanfte, einfühlsame Stimme die Herzen der weiblichen Anhängerschaft garantiert zum Schmelzen bringen konnte. Hits wie *Rude Boy, Lonesome Feeling* und der bemerkenswerte R&B-Titel *I'm Still Waiting* unterstützten dabei ihren Marsch auf die jamaikanische Jugend, auch wenn sie eigentlich nur eine von vielen Gruppen der Ska-Ära waren, die mit tollen Hits aufwarten konnten. In dieser Zeit wurde auch ihr erstes Album *The Wailing Wailers* veröffentlicht.

Im Februar 1966 heiratete Marley Rita Anderson, die selbst gerade mit The Soulettes am Anfang ihrer Karriere stand, und zog mit ihr nach Delaware, um dort ein angemessenes Leben aufzubauen. Bunny und Peter machten unter dem Namen The Wailers weiter und nahmen eine Reihe von Songs auf, unter anderem *Who Feels It Knows It, Let Him Go* und *Rolling Stone* und trieben allmählich aus der Wildheit des Ska hin zum gemäßigteren Tempo des Rocksteady. Marley kehrte im Oktober desselben Jahres zu ihnen zurück, und fast umgehend begann das Trio damit, sein eigenes Label Wail 'N Soul 'M aufzubauen.

Sie hatten zwar in den Jahren 1967 und 1968 einen Haufen hervorragender Rocksteady-Nummern aufgenommen wie beispielsweise *Nice Time* und die Originalversionen der Titel *Bend Down Low* und *Don't Rock The Boat*, doch konnte sich das Label keines besonders großen Erfolgs erfreuen. Marley begann für den amerikanischen Sänger Johnny Nash zu schreiben, der den Reiz des Reggae schon weit vor den meisten seiner Landsleute entdeckt hatte; zusammen mit den Wailers nahm Marley sporadisch unter der Leitung Nashs, seines Managers Danny Sims und des Produzenten Arthur Jenkins sowie deren JAD-Label ein paar Songs auf. In dieser Zeit, so wird berichtet, soll Bunny eine kurze Haftstrafe wegen Drogenbesitzes abgesessen haben.

1969 ging das Trio zurück zu seinem ersten Produzenten Leslie Kong und nahm für dessen Beverley's-Label eine Reihe von Singles auf, die durchaus für ein Album gereicht hätten. Den Platten war allerdings nur wenig Erfolg beschieden, und die Gruppe war angeblich recht verärgert, als Kong sie auf einem Album mit dem Titel *The Best Of The Wailers* zusammenfasste und veröffentlichte. Somit schauten sie sich nach neuen Produzenten um und nahmen 1969-1970 einige Songs für Dynamic und Bunny Lee auf, bevor sie sich mit dem Reggae-Einzelgänger Lee Perry zusammenschlossen, mit dem sie die beiden Alben *Soul Rebels* und *Soul Revolution* (1970/71) einspielten. Perry holte das Beste aus der Gruppe heraus, indem er die zur damaligen Zeit rebellischen und fast schon verbotenen Texte mit einem sparsamen funky Hintergrund und eindringlichen Harmonien unterlegte. Sie nahmen mit ihm zusammen einige ihrer besten Songs auf, unter denen sich auch die Titel *Small Axe* und *Duppy Conqueror* befanden. Sie liehen sich außerdem Perrys Rhythmustruppe aus, die Brüder Barrett – Aston und Carlton –, eines der besten Bass- und Drums-Teams, das die schwarze Musik weltweit je gesehen hat.

Gleichzeitig aber hielt Marley auch seinen Zusammenschluss mit JAD aufrecht; aus dieser Verbindung resultierte im Jahr 1972 eine Reise nach Europa sowie einige gescheiterte Aufnahme-Sessions in London. Marley besaß aber auch noch sein eigenes jamaikanisches Label Tuff Gong, über das bald mit wachsender Regelmäßigkeit wundervolle Wailers-Aufnahmen wie zum Beispiel *Trenchtown Rock* (1971) und *Lively Up Yourself* (1972) erscheinen sollten. Im Jahr 1972 trafen die Wailers durch Zufall mit dem Besitzer des Island Records-Labels Chris Blackwell zusammen, der Marleys erste Single sowie einen Haufen Studio One-Material der Gruppe in England veröffentlichte. Blackwell nahm die Gruppe unter Vertrag und sie brachten zusammen die beiden Alben *Catch A Fire* und *Burnin'* heraus, die 1973 genauso vermarktet wurden wie alle anderen Projekte des Island-Rock-Katalogs. Die Gruppe tourte nun zum ersten Mal durch England und Amerika, wobei dieser Trip sich auch als der letzte in dieser Formation erwies: Bunny missfiel das Leben auf der Straße, er stieg 1973 aus. Tosh fühlte sich ebenfalls recht unbehaglich dabei und daher verließ auch er die Band. Die beiden wollten sich zukünftig auf ihre eigenen Label (Solomonic und Intel Diplo HIM) konzentrieren und veröffentlichten im Lauf der folgenden Jahre einige wirklich starke Aufnahmen. Trotz alledem wartete der internationale Erfolg schon auf Bob, als Eric Clapton mit der lebensmüden Cover-Version des Titels *I Shot The Sheriff* in Amerika einen Nummer 1-Hit landen konnte, ein Song, der zum ersten Mal auf *Burnin'* zu hören war.

Marley nahm nun Ritas gesangliche Unterstützung in Anspruch. Ihr gelang es, zusätzlich Marcia Griffiths und Judy Mowatt mit einzubeziehen, die beide schon lange als Solo-Sängerinnen arbeiteten, und sie gründete mit ihnen die Gruppe The I-Trees, die von nun an die Backing-Vocals übernehmen sollte. Im Jahr 1974 veröffentlichten Bob Marley & The Wailers *Natty Dread*, ein frisches und absolut überzeugendes Album, vollgepackt mit eingängigen Songs und Arrangements, mit denen sie endlich den ersten Silberstreif am Horizont der britischen Charts sehen konnten. Das 1975er Album *Live!* und die Single-Auskopplung *No Woman, No Cry* verhalfen ihnen zu einem echten Durchbruch. Von diesem Zeitpunkt an wurden nahezu alle Marley-Alben und viele seiner Singles zu großen Hits.

Doch trotz dieses weltweiten Erfolgs musste er viele Schicksalsschläge hinnehmen. Im Dezember 1976 wurde Marley in seinem Haus in Kingston von unbekannten Tätern angeschossen. In seinem Exil nahm er danach zwei seiner besten Alben auf, 1977 *Exodus* und 1978 *Kaya*. Eine Verletzung am Zeh, die er sich bei einem Fußballspiel zugezogen hatte, entwickelte sich zu einem Krebsgeschwür, und eine Hautverpflanzung, die während einer Operation im Jahr 1977 durchgeführt wurde, konnte ihm nur vorübergehend Linderung verschaffen.

Es folgten sporadische, aber im Großen und Ganzen eindrucksvolle Hits wie *Waiting In Vain, Jamming* (1977), *Is This Love* (1978) und *Could You Be Loved* (1980). Aber trotzdem blieb Amerika für ihn eine harte Nuss, vor allem weil sich nicht alle schwarzen Radiostationen hinter ihn stellten, da sie ihn häufig eher als einen Rock-Act ansahen – falls sie ihn überhaupt beachteten.

Im April 1978 gelang es ihm, bei dem legendären Friedenskonzert in Kingston die feindlichen Parteien zu versöhnen: Premierminister Michael Manley und der Oppositionsführer Edward Seaga umarmten sich auf offener Bühne und versuchten so den blutigen Auseinandersetzungen in Jamaika ein Ende zu setzen. 1980 gab er ein Konzert bei den Unabhängigkeitsfeiern in Zimbabwe. Marley war inzwischen eine international angesehene Persönlichkeit, aber seine Engagements in der ganzen Welt ließen ihm nicht genug Zeit, für das verarmte Land Jamaika all das zu tun, was er sich ursprünglich vorgenommen hatte.

Während der Amerika-Tournee brach ein abgespannter Bob Marley beim Joggen im Central Park zusammen – man diagnostizierte einen Gehirntumor. Marley ließ sich zwar noch in der Klinik von Dr. Josef Issels in Bayern behandeln, doch der Reggae-Star flog schließlich nach Miami, wo er am 21. Mai 1981 verstarb.

Bob Marley war ein Mensch voller Widersprüche, der manchmal grobschlächtig und rücksichtslos, oft aber auch liebevoll und zärtlich war, und es ist schwer, seiner Persönlichkeit gerecht zu werden. Seine Einstellung zur Rastafari-Bewegung war ebenso bekannt wie seine Vorliebe für schöne Frauen. Dass dies nicht unbedingt ein Widerspruch sein muss, beweist seine Musik, die sowohl die philosophische wie auch die körperliche Liebe zum Thema hat. Marley hinterließ viele Kinder von vielen verschiedenen Müttern, die sein Werk fortsetzten, unter ihnen Ziggy Marley & The Melody Makers; und er hinterließ ein prächtig gedeihendes Tuff Gong-Label, das heute sowohl als Auslieferungsfirma und Presswerk als auch als Platten-Label bekannt ist. Die Bob Marley-Stiftung, eine karitative Organisation, arbeitet immer noch im Sinne seiner Visionen zur Verbesserung der Lebensqualität der jamaikanischen Ghetto-Jugend. Und für den Rest der Welt hat Bob Marley seine Musik hinterlassen, eine einzigartige und unvergleichliche Liste erbaulicher Songs, die die Herzen der Welt auch heute noch bewegen.

Ian McCann

Bob Marley & The Wailers – Die Musik

Studio One-Aufnahmen

The Wailing Wailers
(Studio One S1001, nur als Jamaika- oder Amerika-Import, Vinyl, 1965)

Dieses legendäre Album mit einer Zusammenstellung des Single-Materials der Wailers aus den Sechzigern, das für das Studio One – Jamaikas Pendant zu Motown – aufgenommen wurde und von dem es, wenn überhaupt, seit seiner ersten Veröffentlichung nur ganz selten einmal eine Nachpressung gab, ist auch heute immer noch ungeheuer reizvoll, trotz der Tatsache, dass viele seiner Titel schon fast zwangsläufig in weitaus besserer Qualität auf verschiedenen CD-Ausgaben erhältlich sind. Das Cover kündigt an, dass hier „Jamaikas führende Gesangssensationen begleitet von The Soul Brothers“ zu hören seien, was all jene bezeichnen sollte, die in diesen Tagen für den Produzenten Clement „Coxsone“ Dodd in der Session-Band mitwirkten und zusammen mit Bob, Bunny & Peter plus einer Reihe weiterer Sänger die Aufnahmen machten. (Doch nicht alle Tracks wurden mit den Soul Brothers aufgenommen, die vom technischen Standpunkt aus gesehen unter der Leitung des Keyboarders Jackie Mittoo arbeiteten; andere Bands wie The Skatalites, The Mighty Vikings und The Sharks wurden ebenfalls in die Sessions mit einbezogen.)

Hier wurde außerdem eine etwas ungeordnete und verrückte Mischung zusammengestellt, in der sich The Wailers von einer wilden, stilfreien Gruppe mit handfester Aussagekraft über eine etwas wabblige, jedoch immer noch emotional gehaltvolle Doo-Wop- und Pop-Cover-Band bis hin zu einer samtigen R&B-orientierten Gesangsgruppe entwickelten, die an die Klasse der Band The Impressions – ihrer vermutlich wichtigsten Inspirationsquelle – durchaus heranreichte.

Mit zwei gleichermaßen legendären Plattencovern, eins seltener als das andere – gelegentlich in schwarzweiß, doch zumeist in Farbe – wird das Album *The Wailing Wailers* umhüllt und bleibt so ein authentisches Dokument seiner Zeit, wobei die etwas schludrige Natur des Albums eher unterstrichen als beeinträchtigt wird. All diejenigen, die nach einem makellosen Sound und einer perfekten Verpackung suchen, sollten sich allerdings für das Sammel-Album *One Love* des Heartbeat-Labels oder *Birth Of A Nation* von Epic entscheiden. Wer jedoch authentische Musik aus Jamaika hören will, der liegt mit diesem Album goldrichtig.

Produzent: Clement Seymour Dodd, alias „Coxsone" Scorcher Dodd.

Musiker: Jackie Mittoo, Lloyd Delpratt, Danny McFarlane, Richard Ace (Keyboards); Marley, Tosh, Jah Jerry, Ernest Ranglin, Lyn Taitt, Dwight Pinkney, Hux Brown, Ranny „Bop" Williams (Gitarren); Lloyd Knibbs, Esmond Jarrett, Carl McCloud, Lloyd Robinson (Drums); Lloyd Brevitt, Lloyd Mason, Lloyd Spence, Fred Crossley, Bryan Atkinson (Bass); Roland Alphonso, Tommy McCook, Tony Wilson (Tenorsaxofon); Headley Bennett, Lester Sterling, Seymour Walker (Altsaxofon); Carlton Samuels, „Ska" Campbell (Baritonsaxofon); Johnny „Dizzy" Moore, Bobby Ellis, „Trummie" Miles, Leonard Dillon (Trompete); Don Drummond, Vin Gordon, Ron Wilson (Posaune); Roy Richards (Mundharmonika).

Sänger: Bob Marley, Bunny Wailer, Peter Tosh, Junior Braithwaite, Beverly Kelso, Constantine „Vision" Walker, Cherry Green, Rita Marley Anderson, Marlene „Precious" Gifford.

Anmerkung für alle Studio One-Alben und Sammel-LPs: Die Singles aus Jamaika, die hier aufgeführt werden, kommen fast immer vom Studio One oder Coxsone. Auch wenn diese Labels hauptsächlich durch Wiederauflagen bekannt geworden und daher leicht zu finden sind, sollte man wissen, dass der Produzent (der, wie so häufig in der Reggae-Musik, auch Inhaber des Studios, des Musikverlags und der Plattenfirma war) die Musik der Wailers auch auf anderen Labels wie World Disc, Supreme, Wincox und Music City veröffentlicht hat.

Put It On

Marley

Der Titel ist ein Spiritual aus dem Jahr 1965. Bob führt Bunny und Peter durch einen der gefühlvollsten und harmonisch sichersten Songs ihrer frühen Karriere. Auch wenn es sich inhaltlich um ein rein religiöses Lied handelt, so liegt *Put It On* trotzdem auf gleicher Linie mit der eher physischen Kraft des Titels *Rude Boy* aus derselben Ära. Die Zeile *I rule my destiny* ähnelt doch sehr der Einstellung im Song *Rude Boy* mit *Walk the proud land with me*. Beide Lieder suggerieren die Entschlossenheit einer Gemeinschaft in der Ska-Musik, die direkt aus Jamaikas eigenwilligem Unabhängigkeitskampf entstanden war. Es war auch vermutlich der erste Song, der das Konzept des „Toasting“[1] vorstellte, wie in der Zeile *I'm not boasting, I just ... feel like toasting* zu erkennen ist. Auch als Single beim Island-Label (UK) erschienen (WI 268, 1966).

I Need You

Marley

Ein einfacher Doo-Wop-Song aus dem Jahr 1965 mit einem betrübten, traurigen Text und den dazu passenden Harmonien. Bob führt die Gruppe an und die Backing-Vocals, die zusammen mit Beverly Kelso wie ein kompaktes Wailers-Quartett klingen, zeigen bereits eine Spritzigkeit, die man eigentlich erst vom Beginn der Siebziger an kennt. Der Song ist ebenfalls auf dem Album *One Love* erschienen. Es gibt im Studio One-Katalog der Wailers noch eine weitere Variante des Titels *I Need You* und zwar eine richtig mitreißende Ska-Version.

Lonesome Feeling

Marley

Lonsome Feeling ist die erste echte Ska-Nummer dieses Albums, angetrieben von Jackie Mittoos pumpender Orgel und akzentuiert

[1] *Unter „Toasting“ versteht man den Sprechgesang der jamaikanischen DJs, seit langer Zeit Tradition in Jamaika (Anm. d. Übers.).*

von einem klaren, schwungvollen Trompeten-Solo. Obgleich es sich hierbei um die ganz frühen Wailers handelt (1964-1965) und die Harmonien so schräg klingen wie alles, was sie machten, so fesselt doch der pure Enthusiasmus, den sie untereinander versprühen, genau wie die Logik in ihren Texten: Diese Leute wussten schon früh ganz genau, wie man Texte schreiben muss. Mitwirkende sind vermutlich Bob, Bunny, Peter, Junior Braithwaite, Beverly Kelso und die zweite Sängerin Cherry Green. In Großbritannien über das Ska Beat-Label auch als 7"-Vinyl (JB 211) erschienen, bei dem als Künstler The Wailers with The Mighty Vikings angegeben wurden.

What's New Pussycat

Bacharach/David

Eine Cover-Version des Tom Jones-Hits aus dem gleichnamigen Film. Weder gaben sich die Wailers besonders viel Mühe dabei, so zu klingen wie der berühmte Superstar aus Wales, noch haben sie ein besonderes Interesse daran, die Akkordwechsel an die richtigen Stellen zu setzen. Sie lassen stattdessen lieber eine Gruppe schriller Ska-Bläser aufspielen und Bobs alles in allem sehr zahmen Gesang mit Jackie Mittoos Rhythm & Blues-Piano untermalen. In Großbritannien ist der Song über das Island-Label auch als Single erschienen (WI 254, 1965).

One Love

Marley

Obwohl *Put It On* als erster Wailers-Klassiker dieses Albums immer und immer wieder neu aufgelegt wurde, so hat sich doch *One Love* insgesamt betrachtet als weitaus beständiger erwiesen und bescherte Bob im Jahr 1984 posthum einen weiteren Hit in England, der die auch heute noch stark ausgeprägte Forderung nach Einigkeit zum Thema hat; das reichte für das Heartbeat-Label völlig aus, das Wailers-Sammel-Album nach diesem Track zu benennen und bewegte auch andere musikalische Bereiche dazu, diesen Track zu übernehmen, sei es als vermutlicher Namensgeber der britischen

Groove-Pop-Band One Dove oder als Songtitel der Band The Stone Roses. Bobs internationale und multikulturelle Persönlichkeit kommt hier laut und deutlich zum Vorschein. Bunny teilt sich mit ihm die Lead-Vocals. Obgleich der Titel in den Achtzigern als Studio One-Single im Kielwasser von Bobs *Exodus*-Version bei Island (WI 268) als Remix erschien und von Coxsone Dodd mit einer Disko-Bassdrum und zusätzlichen Percussions unterlegt wurde, bleibt das Original trotzdem die definitive Aufnahme. Nicht zu verwechseln mit Peter Toshs zufälligerweise so betiteltem Song *Rasta Put It On*, der damit so gut wie nichts gemeinsam hat.

When The Well Runs Dry

Tosh/Livingston

Der sprichwörtlich gemeinte Titel *When The Well Runs Dry*, in dem eine Liebesbeziehung mit dem menschlichen Flüssigkeitsbedarf in Bezug gebracht wird, geht wieder zurück zum sanftmütigen Doo-Wop und der ruhig fließenden R&B-Rhythmik und lehnt sich dabei stark an den amerikanischen Gospel und Soul an (Sam Cooke, Otis Redding). Zahm und niemals herrisch, setzen sich Bunnys und Peters Lead-Vocals mit dem leisen und zarten Satzgesang Ritas und Constantine „Dream" Walkers zu einem überraschend wirkungsvollen Track zusammen. Auf späteren Vinyl-Pressungen des Albums *The Wailing Wailers* wurde *When The Well Runs Dry* durch *Ska Jerk* ersetzt, eine sehr jamaikanische Aufnahme von Junior Walkers *Shotgun*.

Ten Commandments Of Love

M. Paul

Dieser Klassiker der Moonglows wurde hier in einer langsameren Version originalgetreu bearbeitet und von Bob gesungen. Die fantastischen, schier himmlischen Stimmen der Sänger am Ende des Songs werden leider durch verschiedene Nebengeräusche gestört, sofern man dummerweise eine schlecht gepresste Platte erwischt hat.

Rude Boy
The Wailers

Walk the proud land mit den „Rudies", tanzt die *Ska-Quadrille*, verlangt mehr Soul. Ein glatter, fröhlicher Ska-Klassiker, bei dem deutlich die Revolution der Jugend mitschwingt und der dabei half, die Rude Boy-Legenden aus dem Reggae zu verbannen – ein immer wiederkehrendes Thema. Lead-Gesang von Bob. Der Song ist auch bei Studio One und bei Doctor Bird (UK) erschienen (DB 1013, 1966). Lee Perry übernahm für seine Single *Pussy Galore* (Studio One) denselben Rhythmus-Track mit den Wailers im Hintergrund, was durchaus als Zeichen dafür zu werten ist, dass Coxsone bis dahin lediglich mit einem zweispurigen Bandgerät gearbeitet hat.

It Hurts To Be Alone
Marley

Junior Braithwaite führt The Wailers hier durch eine Aufnahme, die nicht nur im Zusammenhang mit Marleys Musik einzigartig ist, sondern für den gesamten Reggae überhaupt. *It Hurts To Be Alone* ist eine Ballade, die auf logisch aufgebauten jazzigen Akkorden basiert und von den Soul Brothers mit einem sanften Beat unterlegt wird. Im Mittelteil des Songs liefert der Gitarrist Ernest Ranglin ein unglaublich starkes und sauberes Solo ab, so dass es sich von selbst erklärt, warum er in Jamaika so sehr geschätzt wurde: Er konnte es mit den Besten in Amerika aufnehmen. Leider wird dieser Song immer noch nicht in der Weise beachtet, wie er es verdient hätte. Er wurde als Single bei Island (UK) herausgebracht (WI 188, 1965) und ist in einer veränderten Version auf dem Heartbeat-Album *One Love* zu hören.

Love And Affection
Marley

Marley soll einst gesagt haben, *Love And Affection* (manchmal auch als *Love Or Affection* betitelt) sei vermutlich sein erster ernstzunehmender, von ihm selbst verfasster Song gewesen, auch wenn er dabei wohl eher an die kommerzielle Seite gedacht haben mag, und seither sei er mit der „Cleverness eines Angestellten des Brill Building"[1] an mehrere frühere Wailers-Titel herangegangen und habe sie in die Lyrics eingebaut – unter ihnen auch *Lonesome Feeling* und *It Hurts To Be Alone. Love And Affection* galt in den Sechzigern als Lieblingstitel bei den gelegentlichen Live-Auftritten der Wailers; eher ein solider, warmer Song und wenig spektakulär. Auch bei Skabeat (UK) (JB 228, 1966).

I'm Still Waiting

Marley

I'm Still Waiting jedoch *ist* ein absoluter Hammer-Song – gar keine Frage! Die Wailers in Soul-Stimmung, und Bob klagt über das Schicksal der unerfüllten Liebe. Diese Aufnahme ist weit besser als alle anderen Versionen dieses Titels und strotzt nur so vor purer Klasse, obgleich man leider das Gefühl bekommt, der Song sei zwar fertig geworden, habe aber kein wirkliches Ende gefunden. Und dieses Gefühl ist berechtigt, denn man kann die vollständige Version als alternative Aufnahme auf Heartbeats *One Love* finden – selbst auf den Pressungen aus Jamaika fehlen am Ende aus unerfindlichen Gründen diese letzten ein oder zwei Minuten. Anfang der Siebziger wurde der Song zwar von Delroy Wilson und Mitte der Siebziger von Cornell Campbell gecovert, doch es ist und bleibt das Original, das diejenigen zu Tränen rührt, die diese Geschichte in ihrer jamaikanischen Jugend selbst erfahren haben – und genauso muss es auch sein! Auch als Single bei Studio One/Coxsone (JA), und diese Version taucht im CD-Set *Songs Of Freedom* auf.

Simmer Down

Marley

Der erste Wailers-Hit in Jamaika. Aufgenommen wurde er angeblich 1963, doch nach seinem Sound zu urteilen erscheint das Datum Ende 1964 als wahrscheinlicher. Die Single-Veröffentlichung in England fand aber erst 1965 statt (Ska Beat JB 186). Aufgrund des ungeheuren Tempos, mit dem nur die Jugend – so-

[1] *Brill Building: große Songschmiede in New York (Anm. d. Übers.).*

wohl die Gruppe als auch der Ska selbst – zurechtkommen konnte, erfüllte *Simmer Down* die Rolle eines Appells zur Mäßigung in einem Land Jamaika, das sich zunehmend von der hypnotischen Kraft der Rude Boy-Spirale vereinnahmen ließ. Ein wahrer Ska-Hammer, der damals wohl wie ein gewaltiger Knall aus Coxsones Downbeat-Soundsystem herausgeschossen sein muss, wenn er den Song abspielte.

The Wailing Wailers
(Studio One CD SOCD 1001, 1994)

*Put It On, Duppy Conqueror**, I Need You, No Sympathy**, Lonesome Feeling, Ska Jerk, What's New Pussycat, Soul Rebel**, Ten Commandments Of Love, Rude Boy, 400 Years**, It Hurts To Be Alone, Kaya**, Love And Affection**, Sun is Shining**, I'm Still Waiting, Simmer Down, How Many Times, Lively Up Yourself***, Guajira Ska.*

*Produziert von Lee Perry,

**Produziert von Bob Marley.

Man kann von Mr. Dodd niemals das Naheliegende erwarten, und somit bildet auch seine CD-Veröffentlichung des Albums *The Wailing Wailers* keine Ausnahme. Die Bonus-Tracks hier sind fast alles Produktionen von Lee Perry mit nur einer Bob Marley/Tuff Gong-Produktion. Die Studio One-Produktionen sind das ziemlich obskure *How Many Times*, eine weitere Aufnahme des unsterblichen *I'm Still Waiting* sowie eine Version von *Peanut Vendor* mit dem Titel *Guajira Ska.*

The Best Of Bob Marley And The Wailers
(Coxsone/Studio One FCD 1-7, 1974)

Obgleich der Titel sicherlich eine Übertreibung ist, bietet *The Best Of Bob Marley & The Wailers* – ein Album, das ebenfalls nur als Jamaika/US-Import erhältlich ist und ab und zu mit den verschiedensten Covern auftaucht – ganz sicher sehr viel mehr als nur eine Ansammlung ihrer fantastischen Songs. Sämtliche Titel mit Ausnahme von *Small Axe* entstammen ihrer Arbeit im Studio One; das Album kann sich durchaus mit *The Wailing Wailers* messen, auch wenn es ihm etwas an der kompakten Geschlossenheit seines Vorgängers mangelt und sich das Ganze mehr auf den Rocksteady als auf den Ska konzentriert.

The Best Of ... leidet allerdings wie auch alle anderen Studio One-Alben der Wailers unter der schlechten Plattenpressung und dem ungleichmäßigen Mastering, doch sollten Sie das authentische Jamaika-Feeling erleben wollen – hier ist es. Die Idee für die Plattenhülle mit der Silhouette Bobs, Bunnys & Peters wurde vom Cover *Burnin'* geklaut und in verschiedenen Farben gestaltet (doch immer nur eine Farbe pro Album-Auflage). Später jedoch hat man das Cover vermutlich aufgrund einer Intervention von Island Records wieder verändert. Diese neue Hülle wurde vom New Yorker Künstler Jamaal Pete gezeichnet, der auch das Cover des Albums *Marley, Tosh, Livingston & Associates* entwarf.

Die Produzenten, Musiker und Sänger sind dieselben wie bei *The Wailing Wailers.*

I Am Going Home

Marley

Die Aufnahme ist von 1964/65. Geführt von Marley singt eine fünfköpfige Wailers-Truppe einschließlich Beverly Kelso und dem oft verkannten Junior Braithwaite diesen gutgelaunten Song. *I Am Going Home* ist ein weiterer wilder Ska-Titel im Stil von *Simmer Down* und stammt auch aus derselben Aufnahme-Session. Anders als *Simmer Down* jedoch befasst sich *I Am Going Home* mehr mit religiösen Ereignissen als mit der Wut der „Rude Boys" und deutet bereits die Philosophie an, die später auf *Exodus* ganz deutlich zum Tragen kommt. Mit dem Gedröhne der Bläser und Lloyd Knibbs' klappernder Snare-Drum kann man den Song wohl kaum als sanftmütig werten, doch alles in allem trifft er genau ins Schwarze.

Bend Down Low
Marley

Dieser von Bob später für das *Natty Dread*-Album neu bearbeitete Titel bildet einen totalen Kontrast zu dem vorhergehenden Song. Obgleich er im Studio One aufgenommen wurde, war diese etwas gewagte Rocksteady-Nummer (*Bend down low, let me tell you what I know*) eine der ersten Wailers-Aufnahmen für ihr eigenes Wail 'N Soul 'M-Projekt und erschien 1967 in Jamaika auf diesem Label und in Großbritannien als Single bei Island (WI 3043). Die Produktion besaß all die prächtigen Kennzeichen des kurzlebigen, selbst produzierten Rocksteady der Wailers. Weit besser als die bekannteren Versionen.

Mr Talkative
Bob Marley

Bob attackiert hier einen Schwätzer und droht ihm sogar mit Gewalt – bis hin zum Mord –, um sein loses Maul endgültig zu stopfen. Eine raue Ska-Nummer, akzentuiert von einem fließenden Tenorsaxofon-Solo, das sehr stark nach Roland Alphonso klingt. Es ist einer der wenigen Marley-Songs, der wirkt, als sei er tatsächlich von einem „Rude Boy“ geschrieben worden und würde nicht nur die Aktionen eines „Rude Boys“ kommentieren. Diese Version stammt aus dem Jahr 1965 und erschien bei Island (UK) als 7” (WI 188). Bob hat 1969 für den Produzenten Bunny Lee auch noch eine weniger deftige Version aufgenommen, die auf der LP *All The Hits/Nice Time* zu hören ist.

Ruddie

Dieser Song, auch bekannt unter dem Titel *Jailhouse*, wie er in Großbritannien über das Bamboo-Label erschienen ist (BAM 55, 1970) und als *Good Good Rudie* (Doctor Bird DB 1021), war eine der letzten wirklich großen Aufnahmen der Wailers für das Studio One (1966). Eine Hymne an die aufständische Jugend Jamaikas, ein Appell zur Selbstbeherrschung und Einsicht trotz ständiger Provokationen, ein Song voller Erläuterungen biblischer Prophezeiungen und mit anschaulichen Empfehlungen zur körperlichen Liebe. Bobs Textzeile *Baton sticks get shorter, ruddie gets taller* ist für sich schon ein kleines Meisterstück. Die Schlusszeile *What has been hid from the wise and prudent is now revealed to babes and sucklings* wurde im Reggae immer wieder kopiert und stammt komplett aus der Bibel (Matthäus 2, 25, Lukas 10, 21: „... weil du dies den Weisen und Klugen verborgen hast und hast es den Unmündigen offenbart").

Diese scheinbar so widersprüchlichen Themen, mit denen Bob sämtliche ihm wichtige Dinge auf einmal preisgibt, passen hier allerdings sehr gut zusammen. Ein echtes Zeichen spiritueller Entwicklung, wenn man dies mit dem frühen Material vergleicht. Doch damit noch nicht genug. Zum Abschluss des Songs hören wir ein derart feinfühliges und unaufdringliches Posaunen-Solo und in der Ausblendung einen wirklich zu Tränen rührenden Satzgesang, dass wir uns wünschen, dieser Song möge niemals zu Ende gehen.

Lead-Sänger: Bunny. Dieser Track ist auch auf der LP *One Love* zu finden. Bunny Wailer hat den Song außerdem für sein Album *Sings The Wailers* aufgenommen, und es gibt eine höchst seltene Studio One-Instrumental-Version (mit einer Mundharmonika!) von Roy Richards' *Green Collie*, die den Song hervorragend ergänzt.

Cry To Me

Marley

Nach einem vergleichbaren Rezept wie *Ruddie* ist auch *Cry To Me* (1966) aufgebaut, nur befinden wir uns dieses Mal inmitten des Herz-Schmerz-Doo-Wop-Territoriums. Der Titel ist, obgleich hier Peters und Bunnys Satzgesang wirklich zu Tränen rühren, eher ein verwirrender Streifzug als ein Song und beinhaltet sogar einige Phrasen des 23. Psalms (eine immer wieder auftauchende Lieblingsquelle des Reggae). Es gibt durch Bobs *What's that?* und seine gelegentlichen souligen Einwürfe bereits hier einige Anzeichen für die allmähliche Verwandlung der Wailers in eine Reggae-Soul-Truppe im Stile eines James Brown. Etwas, das schon immer im tiefsten Inneren der Wailers schlummerte und das seinen Höhepunkt auf dem Album *Soul Rebels* erreichte.

Hier funktioniert es zwar noch nicht ganz, aber Bob nimmt sich später noch einmal auf dem Album *Rastaman Vibration* dieses Songs an, wobei seine große Erfahrung dann einer undisziplinierten Melodie den notwendigen Sinn verleiht. Es gibt übrigens am Ende des Songs – zumindest auf einigen Pressungen – die einzigartige Möglichkeit, zu hören, wie Bob sich räuspert. Da die Musik eher ausgeblendet wird als die Gruppe selbst, können wir fast mit Sicherheit davon ausgehen, dass *Cry To Me* genau wie *Ruddie* wohl einer der ersten Wailers-Songs war, bei dem sich die Band nicht gleichzeitig mit den Sängern im Studio befunden hat. Ob dies nun bedeutet, dass sie mit einem Backing-Track von Dodd arbeiteten ist unklar, aber es mag vielleicht eine Erklärung für die zusammenhanglose Struktur des Songs sein. *Cry To Me* ist auch auf der LP *One Love* erschienen.

Wings Of A Dove

Traditional

Dieses Folk-Spiritual bekam ein leichtes Ska-Konzept verpasst, bei dem die Stimmen wie bei vielen späteren Studio One-Produktionen weit in den Vordergrund gelegt wurden. Es ist ein reizender Titel, obwohl er ebenfalls etwas ungeordnet wirkt, als ob die Wailers in der Zeit, als sie den Song in Mr. Dodds kleinem Brentford Road-Studio aufnahmen, so sehr von ihren Fähigkeiten überzeugt waren, dass sie derlei Titel gleich beim ersten oder zweiten Take mitschnitten. Trotzdem steckt *Wings Of A Dove* voller Magie, nicht zuletzt aufgrund Bobs exaktem Gesang und den gelassenen, leisen und charaktervollen Background-Harmonien.

Small Axe

Dieser Song wurde von Marley oder von Perry oder – je nachdem, wem Sie Glauben schenken wollen – von Marley/Perry geschrieben. Auch wenn der Titel *Small Axe* lautet, so handelt es sich doch eigentlich um einen anderen Song. Es ist sowieso ein Rätsel, warum dieses Lied in ein Studio One-Album aufgenommen wurde, sagt die Hülle doch klar: „Courtesy by Upsetter Records“. Daher ist diese

Aufnahme auch fünf Jahre jünger als die anderen Songs dieser LP, und das kann man deutlich merken. Es handelt sich hierbei um eine entschlossene, knackige Skank-Nummer – tatsächlich eine zweite Version von *Small Axe*, die ursprünglich nach dem jamaikanischen Erfolg des Originals im Jahr 1971 unter dem Titel *More Axe* erschienen ist. Der Unterschied? *Small Axe* hat man mit Bläsersätzen unterlegt und es ist in einem schnelleren Tempo eingespielt, während diese Version wesentlich entspannter ist. Sollten Sie diese Fassung nirgends finden können, so werden Sie zumindest auf dem Album *The Very Best Of The Early Years 1968-74* fündig. Die andere Version befindet sich ebenfalls auf diesem Album sowie auf *African Herbsman*. *More Axe* wurde im Jahr 1971 zusammen mit dem Instrumental *The Axe Man* auf der B-Seite bei Upsetter (UK) (US 369, 372) als 7"-Single veröffentlicht.

Love Won't Be Mine

Hier singt um 1965 eine fünf- oder sechsköpfige Wailers-Gruppe mit Bob als Hauptsänger, ergänzt durch Beverly Kelsos hohe Stimme und Peter Toshs Bass, mit dem Ziel, einen ähnlichen Sound wie Garnet Mimms & The Enchanters nach der Doo-Wop-Zeit zu erreichen. In dem Song geht es um die Trennung von einer langjährigen Freundin. Er ist eine der leichteren Nummern des Wailers-Repertoires. Erschienen bei Island (UK) als 7" (WI 268).

Dancing Shoes

Marley

Bunny führt Bob und Peter durch eine einfache, logisch strukturierte Ode an die guten alten Zeiten, die sich allerdings im Mittelteil urplötzlich selbst auf ein weitaus höheres Level begibt. Der Satzgesang der Wailers war nie besser als bei diesem Song und hebt damit den drückenden Ska-Backbeat weit über das hinaus, was er eigentlich verdient hat. Ein Klassiker, an den man sich in Jamaika immer noch gern erinnert und den Bunny für sein Album *Sings The Wailers* noch einmal neu bearbeitet hat. Der Titel erschien beim britischen Rio-Label auch als 7"-Single (R116, 1966).

Sunday Morning
Livingston

Als ein weiteres exzellentes Bunny-Meisterstück ist *Sunday Morning* eines der einfühlsamsten, entspannendsten und großartigsten Liebeslieder Jamaikas, dem es wie keinem Song zuvor und danach gelingt, die herrliche Romantik eines heißen Sonntags in Jamaika darzustellen. Im Jahr 1980 auch von Gregory Isaacs für Bunnys eigenes DANSCI-Label aufgenommen. Doch das Original ist und bleibt einfach die definitive Version. Island (UK) 7" (WI 3001, 1966).

He Who Knows It Feels It
Marley

Every man thinks his burden is the heaviest, meint Bob zu einem Thema, das von da an im Reggae immer wieder auftaucht. Eine weitere Mischung aus sanftem Ska und Rocksteady, gesungen von einer Gruppe, die mit Leichtigkeit dazu im Stande ist, schon allein durch ihr Selbstbewusstsein jede Konkurrenz weit hinter sich zu lassen, wenn man den vielschichtigen Gesang als Maßstab nimmt. Und es wirkt bei ihnen so wunderbar leicht. Erschienen auch bei Island (UK) (WI 3001) als A-Seite zu *Sunday Morning.*

Straight And Narrow Way

Zurück zur frühen Ska-Ära der Wailers (um 1964), mit einem sehr jung klingenden Junior Braithwaite als Lead-Sänger, der hier wieder einmal moralische Ratschläge an die Rudies und deren eigensinnige weibliche Mitstreiter verteilt. Nicht gerade großartig, doch der Song ist mit seiner Entschlossenheit am Ende des Albums äußerst angebracht.

The Wailers: Marley, Tosh, Livingston & Associates
(Studio 1 FCD 4041, 1982)

Diese dritte und bislang letzte Material-Sammlung, die vom ersten Wailers-Produzenten zusammengetragen wurde, lässt den eindeutigen logischen Aufbau der beiden vorhergehenden Alben vermissen und kommt ein wenig als Sammelsurium daher. Sie wurde 1982 mit einem passablen, wenn auch sehr einfachen, von Jamaal Pete entworfenen Cover-Bild eines der gealterten Wailers-Mitglieder mit Dreadlocks veröffentlicht. Allerdings stellt sich die Frage, warum Dodd ausgerechnet diese bestimmten Tracks für eine Neuauflage ausgewählt hat: Dodd mangelte es sicherlich nicht an verfügbaren Songs, obwohl diese Tracks in der Zeit, als er das Album zusammenstellte, für ihn vermutlich einfach leichter greifbar waren als andere. Diese Vorbehalte einmal außer Acht gelassen gibt es hier trotz allem einige fantastische Momente, auch wenn das Mastering entschieden zu wenig Biss aufweist. Und jedes Album, das mit einer Cover-Notiz wie „Hello there" beginnt und mit „It gives great contribution to this being a very outstanding album" endet, muss wohl etwas Besonderes sein.

Eine positiver Punkt ist die Tatsache, dass es hier eine Erläuterung gibt, wer welchen Titel singt, was den vorherigen Studio One-Alben bestimmt ebenfalls gut getan hätte. Worauf dieses Album allerdings durchaus hätte verzichten können, ist der hier leider vorhandene Remix. Überwacht vom ursprünglichen Produzenten und raffiniert auf *Chances Are* und die Vinyl-Pressung von *Birth Of A Legend* zugeschnitten, zeigt sich diese Aufnahme trotzdem von bestechender Perfektion. Wenn Sie die hinzugefügten Percussions und die leicht Disko-angehauchte Bassdrum ertragen können, die irgendwo inmitten des Mix zu hören sind, so ist dieses Album durchaus einen Kauf Wert.

Another Dance

Mayfield

Bob kehrt wieder zurück zu den Freuden, jemandem beim Tanzen zu begegnen. Ein leichter, gut gelaunter Ska (1965/66) im Stil der Impressions.

Lonesome Track

Marley

Wenn man bedenkt, wie begrenzt das Schienennetz in Jamaika ist, so ist es doch sehr erstaunlich, welch große Rolle das Zugfahren in der Reggae-Musik spielt, was vielleicht dem R&B, den Soul Train-Songs und Curtis Mayfields Lokomotive *People Get Ready* zuzuschreiben ist, wobei sich Gospel-Elemente mit Soul-Harmonien vermischen. Marley, der mit beiden Musikrichtungen durchaus vertraut war, stellt hier Gott die Frage *Why must man suffer?* Und die Wailers antworten im Gospel-Stil *Get on board.* Die gleichen Elemente wurden später bei ihrem Cover des Gospel-Titels *This Train* eingesetzt (*One Love, In The Beginning,* LPs, 1966), in Großbritannien auch bei Ska Beat erschienen (JB 249).

Rolling Stone

Livingston/Dodd

Marley singt Dylan, jedenfalls klingt es so. Obwohl es selten erwähnt wurde, gibt es kaum Zweifel, dass Dylans Bekehrung zum Christentum in den Siebzigern und seine apokalyptischen visionären Songs wie *Slow Train Coming* von Marleys Erfolgsweg beeinflusst waren. Andererseits müssen die Wailers in den Sechzigern bereits aus der Entfernung etwas von der Faszination des „amerikanischen Bobs" gespürt haben. Bunny führt die Gruppe durch eine Adaption einiger der größten Dylan-Hits, gespickt mit einem ganz bestimmten jamaikanischen Touch in einigen Stellen des neuen Textes: *Time like scorpion stings without warning.* Die ungewöhnliche spanische Gitarre, vermutlich von Ernest Ranglin eingespielt, deutet erneut auf den folkigen Einfluss hin. Das Interessante daran ist, dass dieser Song 1964 aufgenommen wurde, also ein Jahr vor der Version Dylans, der die Wailers im Januar 1965 während seines Urlaubs in Jamaika live im Carib Theater bewunderte ... nein, das war nur Spaß! Er wurde 1966 aufgenommen. Bunny bearbeitete den Song später unter dem Titel *Ballroom Floor* für sein Album *Rock'n'Groove* (1981). Witzig ist auch, dass der Wailers-Song *Sinner Man* aus dem Jahr 1967 auf einigen Single-Pressungen fälschlicherweise als *Zimmerman*[1] betitelt wurde.

Can't You See

Tosh

Rock'n'Roll? Von den Wailers? Oberflächlich betrachtet scheint es sich bei Toshs *Can't You See* um eine Rocknummer aus den 60er Jahren zu handeln. Vermutlich bekommt man aber nur deswegen den Eindruck, weil die Gitarre mit ihrem leicht angezerrten Sound etwas zu weit nach vorn gemischt wurde. Es ist weitaus wahrscheinlicher, dass sie mit diesem Song eher ein 1966er Motown-Feeling erreichen wollten, besonders wenn man sich Lloyd Knibbs' maschinengewehr-ähnliche Drum-Einlagen und die hetzenden Hi-Hat-Beats – Jahre bevor so etwas in Mode kam – genauer anhört. Weil sie vermutlich das Gefühl hatten, dass der Song ihnen noch nicht recht gelungen sei, probierten sie es im Jahr 1969 für den Produzenten Leslie Kong erneut (*The Best Of The Wailers*). Peter versuchte sich außerdem noch einmal 1979 für sein Album *Mystic Man* daran.

Es ist eine Schande, dass es Mr. Dodd, der sich die Rechte sichern konnte, einiges Motown-Material auch in Jamaika zu veröffentlichen (sein eigenes Logo „The sound of young Jamaica" war eine direkte Kopie des Motown-Logos „The Sound Of Young America"), nicht einrichten konnte, seine junge Band irgendwie einmal nach Detroit zu bringen. Das hätte sicherlich eine gute Chance für sie sein können. Diesen Song findet man auch auf dem *One Love*-Set in einer wesentlich hörbareren Fassung.

Let Him Go

Livingston

Auch bekannt unter dem Titel *Let Him Go (Rude Boy Get Bail)*. In diesem Song verlangt Bunny, untermalt von einer Mischung aus Ska und Rocksteady, die sofortige Freilassung eines inhaftierten Rude Boys und spricht dabei die Warnung an die Verantwortlichen

[1] *Bob Dylans bürgerlicher Name ist Robert Zimmerman (Anm. d. Übers.).*

aus: *Remember he is smart, remember he is strong, remember he is young and he will live long.* Mit dem scharfen Protest dieser Zeit (1966) in jeder einzelnen sorgsam durchdachten Zeile scheint dieser Titel irgendwie mehr zu sein als nur eine weitere Hymne für die Benachteiligten: Es ist fast schon die Ankündigung einer Revolution – einer sozialen Revolution, die sich für die Wailers auf den Rastafari richtet. Dieser Song wurde übrigens nur von Bunny und Peter eingesungen, da Bob damals in Delaware lebte. Auch erschienen bei Island (UK) (WI 3009).

Dance With Me
Marley

Obgleich der Song Marley zugesprochen und mit einem frischen, wohlklingenden Text über die heißen Nächte in Kingston versehen wurde, ist diese Aufnahme von 1965 aber eigentlich eine Neubearbeitung zweier Hits – *On Broadway* und *Dance With Me* –, die beide von The Drifters geschrieben wurden, deren Einfluss sich die Wailers ebenfalls nicht entziehen konnten. Die Band klingt hier überaus gefestigt, die Stimmen lassen nichts vermissen und der Gesamteindruck ist der, dass man hier mit einem Minimum an Mitteln ein Maximum an Qualität erzielt hat.

Maga Dog
Tosh

Tosh singt hier zum ersten Mal eine seiner Erkennungsmelodien, in der es um die barsche und vollkommen gefühllose Abweisung einer alten Freundin geht, unterlegt mit einem harten Ska-Beat: *When I was with you, you was big and fat, now you look like a railway track.* Aufgenommen im Jahr 1966 und erschienen bei Island (UK) (WI 212). 1971 überarbeitete Tosh den Song für Joe Gibbs' Single mit einem verbesserten Text, 1972 für sein eigenes Label Intel Diplo und außerdem für sein 1983er Album *Mama Africa.* Sein Sohn Andrew griff das Thema im Jahr 1987 für seinen Song *Same Dog Bite You All Morning* noch einmal auf.

I Want Somewhere

Marley, Dodd

Bob sucht einen Ort, den er sein Eigen nennen kann – ein Dach über dem Kopf, den Himmel, oder eine Rückkehr nach Afrika? – und lässt hier 1966 einige Gospel-Songs zu einem Ska verschmelzen. Die ersten paar Zeilen – *I've been rebuked, brothers, and I've been scorned* – sind in der schwarzen Musik immer wieder aufgetaucht, lange bevor das Musikbusiness realisierte, dass es so etwas überhaupt gab.

Hoot Nanny Hoot

Bearbeitet von Tosh

Tosh singt hier ein Tanzlied, das traditionellen Folk-Quellen entstammt, wie auch schon *Jumbie Jamboree* (eine Single aus dem Jahr 1965, die auf dem Song *Zombie Jamboree* basiert). Die ansprechenden Harmonien sind hart und trotzdem angenehm, die Musik ist ein rauer ungeschliffener 1965er Ska und das „do-ce-do" passt hier wie auch in der Quadrille bei *Rude Boy* ganz genau zum Stil der Wailers. Der Song kam in Großbritannien bei Island heraus (WI 211) und wurde Peter Touch & The Wailers zugeschrieben. Da viele Jamaikaner Tosh wie Touch aussprechen, kam es zu dieser Bezeichnung. Der Name blieb noch durch einige weitere Veröffentlichungen haften.

Dreamland

Livingston

Genau wie *Small Axe* auf dem Album *Best Of Bob Marley & The Wailers* nimmt auch *Dreamland* eine Sonderstellung auf der LP *Marley, Tosh, Livingston & Associates* ein, selbst wenn diesmal der Song, der praktisch als Bunny Wailer-Hymne gilt, wie alle anderen Stücke auch aus dem Studio One stammt (1966). Bunny gesteht hier nicht nur seine wahre romantische Liebe zu einer Frau, sondern er prophezeit auch als einer der ersten im Reggae, doch sicher nicht zum letzten Mal, eine bessere Zeit für die schwarze Bevölkerung in einem Traumland namens Afrika. Das hier beschriebene Leben in der Natur – *honey from the bees, breakfast from the trees, eternal life* – ist bis heute eines der stärksten Motive im Reggae geblieben.

Die Wailers griffen im Jahr 1971 für Lee Perry noch einmal auf diesen Song zurück. Bunny bearbeitete ihn außerdem für die Alben *Blackheart Man* (1976, bei Island und Solomonic auch als Single erschienen), *Dub D'sco* (1978) und *Sings The Wailers* (1980). Es gibt außerdem zwei DJ-Versionen von den Lee Perry-Aufnahmen – *Dreamland* von U Roy (nur bei einem Billig-Label [UK] als 7" erschienen, ca. 1972) und *Vision Land* von Istan (Solomonic, 1975). Marcia Griffiths, eine Sängerin der I-Threes, nahm diesen Titel ebenfalls für ihre LP *Naturally* auf. Wo diese Aufnahme aber ganz genau das Licht der Welt erblickte, ist und bleibt wohl ein Geheimnis.

Bob Marley & The Wailers: One Love

(Heartbeat HB111/112, Doppel-CD, 1991)

One Love ist einfach eine wunderbare Zusammenstellung von Studio One-Aufnahmen einer der besten Gesangsgruppen aller Zeiten.

Mit den 40 Musikstücken, bei denen es sich fast ausschließlich um gemasterte Originalaufnahmen handelt, setzt *One Love* die Messlatte derart hoch, dass es für eine ähnliche Zusammenstellung sehr schwer sein wird, an diesen Sampler auch nur annähernd heranzureichen. Mit drei bislang unveröffentlichten Tracks und einem ganzen Haufen alternativer Versionen ist dieser Rundumschlag durch die Archive ein absolutes Muss für jeden, der nach den Wurzeln jenes Sounds sucht, mit dem Marley die Welt eroberte.

Produziert von Clement Dodd für das Studio One. Zusammengestellt von Chris Wilson. Cover-Anmerkungen: Roger Steffens und Leroy Jodie Pierson. Das Foto auf dem Front-Cover stammt von dem selteneren der beiden *Wailing Wailers*-Cover.

This Train
Traditional

Eine bisher unveröffentlichte Aufnahme des Lieblings-Spirituals der Wailers, eingespielt lediglich mit einer akustischen Gitarre. Im Jahr 1966 nur von Bunny & Peter aufgenommen. Später beim Wailers-eigenen Wail 'N Soul 'M-Label als Single erschienen; eine weitere Version, produziert bei Dynamic, ist auf der LP *In The Beginning* zu finden.

Simmer Down

Siehe: *The Wailing Wailers.*

I Am Going Home

Siehe: *The Best Of Bob Marley & The Wailers.* Diese Version ist ein wenig länger als die vorher erschienenen Fassungen.

Do You Remember

Auch bekannt unter dem Titel *How Many Times.* Ein von Bob gesungener, rhythmisch raffiniert bearbeiteter Ska, der zuvor sowohl bei Island (UK) (WI 211, 1965) als auch auf dem Melodisc-Sampler *Honeys* und in Jamaika auf der LP *This Is Jamaica Ska* (Studio One) erschienen ist.

Mr Talkative

Siehe: *Best Of Bob Marley & The Wailers.* Auch unter dem Titel *Mr Chatterbox* auf der LP *All The Hits* erschienen.

Habits

Mit einem Chor aus Bob, Bunny, Peter, Cherry & Beverly Kelso und einem sehr jung klingenden Junior Braithwaite in der Hauptstimme erweist sich *Habits* als jene Art von Folk-Song, die voll mit guten Ratschlägen ist und an der sich schon unzählige Ska-Künstler versucht haben.

Amen
Traditional

Ein Spiritual im Ska-Stil mit Tosh als Lead-Sänger. Die von den Wailers so geschätzten Impressions hatten diesen Song ebenfalls bereits eingespielt – vermutlich der Grund dafür, warum die Wailers diesen Song aufnahmen.

Go Jimmy Go

Ein Ska-Dance-Song, der von Jimmy Clanton stammt. Lead-Sänger ist Bob. Der Song erscheint auch auf dem Studio One/Melodisc „Various Artists"-Album *Jamaica Ska/Honeys*.

Teenager In Love
Marley

Es ist fast das berühmte *Teenager In Love* von Dion, jedoch nicht ganz. Die Strophen, an denen Bob und Peter sich versuchen, unterscheiden sich doch beträchtlich vom Doc Pomus/Mort Shuman-Song. Die Background-Musik besteht aus einem R&B-Rhythmus im 2/4-Takt und einer prägnanten Gitarre, entweder von Peter oder möglicherweise auch von Ernest Ranglin eingespielt. In Großbritannien auch als Single beim Ska Beat-Label (JB 228, 1966) erschienen.

I Need You

Siehe: *The Wailing Wailers*. Eine von vielen Versionen dieses Titels. Die Beschreibung auf der Plattenhülle vermittelt fälschlicherweise den Eindruck, diese Version sei eher die harte Ska-Fassung als die wehmütige Doo-Wop-Nummer.

It Hurts To Be Alone

Siehe: *The Wailing Wailers.* Dieser Titel hier ist eine etwas andere Aufnahme mit einem etwas anderen, aber wieder fantastischen Jazzgitarren-Solo von Ernest Ranglin.

True Confession

Bisher unveröffentlicht. Wieder ein Ska-Knaller, doch eine Spur sanfter als die vorangegangenen Songs. Bob beginnt hier mit dem Gesang, doch die fünfköpfigen Wailers einschließlich Beverly Kelso und Junior Braithwaite mischen bald kräftig mit.

Lonesome Feeling

Siehe: *The Wailing Wailers.* Diese Aufnahme beginnt mit einem kleinen Fehlstart.

There She Goes

Marley

Wieder ein R&B-/Doo-Wop-Titel im 2/4, gesungen von Bob mit einigen unharmonischen Gesangssätzen der gesamten sechsköpfigen Gruppe. Mit einer fantastischen Kino-Orgel, eingespielt von jemandem, den die Geschichte vergessen hat – vermutlich ist es nicht Jackie Mittoo, da dieser Song auf der Single lediglich den Wailers & The Mighty Vikings zugeschrieben wurde. Beim Ska Beat-Label (UK) (JB 211, 1965) auch als Single erschienen. Der Song bildete wahrscheinlich die Basis für *Stand Alone* (auf den LPs *Soul Revolution/African Herbsman*), obwohl er zwar recht verschieden davon ist, aber das Thema und der Text doch einige Ähnlichkeiten aufweisen.

Diamond Baby

Marley

Hart, hart, hart. Mit einem wirklich furiosen Backing-Track der Skatalites, der einer Don Drummond-Session durchaus alle Ehre machen könnte, feuern die Wailers hier mit einer rasanten Adaption von Curtis Mayfields *Talking 'Bout My Baby* aus allen Rohren. Als Single in Jamaika erschienen, doch verständlicherweise nur ganz selten zu finden, wenn man die geringe Anzahl der Pressungen bedenkt.

Playboy

Eine bisher unveröffentlichte Version des Ska-Songs, die als Single bei Island (UK) erschienen ist (WI 206, 1965). Wailers-typisch stammt ein Teil des Songs aus einer anderen Komposition: aus dem Motown-Smash-Hit *Do You Love Me* von The Contours.

Where's The Girl For Me

Die B-Seite der *Diamond Baby*-Single, ein langsamer, klagender Doo-Wop-Song mit einem weiteren fantastischen Gitarrensolo von Ernest Ranglin.

Hooligan

Eine Attacke gegen die aufständischen Rudies. *Hooligans, hooligans, make up your mind* bellen Bob, Peter und Bunny ins Mikrofon und stellen hier eine Szene mit zerbrochenen Flaschen und weinenden Müttern nach. Als Single (WI 212, 1965) bei Island (UK).

One Love

Siehe: *The Wailing Wailers.*

Love And Affection

Siehe: *The Wailing Wailers.*

And I Love Her

Lennon/McCartney

Ein Treffen der Giganten: die Adaption der Beatles-Ballade. Eher enthusiastisch als meisterlich, aber eine interessante Kuriosität. Diese bis dahin unveröffentlichte Aufnahme ist durchaus eine Alternative zur originalen jamaikanischen Single-Veröffentlichung.

Rude Boy

Siehe: *The Wailing Wailers.* Obwohl dies die gleiche Aufnahme sein soll wie auf der LP, muss man witzigerweise feststellen, dass hier die Rimshots des Schlagzeugs weitaus prägnanter wirken und das Klavier weniger aufdringlich ist als auf der Original-Single. Die Ausblendung ist außerdem etwas kürzer als auf den früheren Versionen.

I'm Still Waiting

Siehe: *The Wailing Wailers.* Eine weitere Version des Songs, bei der Marleys Gesang weit in den Vordergrund rückt und das Ganze wesentlich länger ausgedehnt ist als bei den vorigen Zusammenstellungen.

Ska Jerk

Marley

Ein furioser, dröhnender Ska, bei dem sich die Soul Brothers Band in fantastischer, feuriger Form präsentiert, und King Sporty, der später in Bobs posthumer Geschichte *Buffalo Soldier* auftaucht (siehe auch das Album *Confrontation*), akzentuiert im Background seine *„Uhhs"* und *„Ahhs"* im echten Chain Gang-Stil. Bob erbringt hier den Beweis, dass er es mit den besten Ska-Künstlern seiner Zeit aufnehmen kann. Weitere Jerk-Platten von Marley sind *The Jerk* und *Jerk In Time.*

Somewhere To Lay My Head

Auch bekannt unter dem Titel *I Want Somewhere*. Siehe: *Marley, Tosh, Livingston & Associates.*

Wages Of Love Rehearsal

Bisher unveröffentlicht. Ein paar Minuten, die davon zeugen, wie Peter und Bob mit Gesang und akustischer Gitarre zusammen mit einigen nicht näher bezeichneten Sängerinnen einen Song einstudieren.

Wages Of Love

Die 7"-Single (Jamaika) des vorhergehenden Titels. Ein poppiger R&B-Song mit einem mit Besen gespielten Schlagzeug und einer ziemlich matschig klingenden Gitarre.

I Am Gonna Put It

Auch bekannt unter dem Titel *Put It On*. Alternative Version mit mehr Gitarre und mehr Hall auf den Drums. Siehe: *The Wailing Wailers.*

Cry To Me

Bobs religiöse Liebes-Ballade. Siehe: *The Best Of Bob Marley & The Wailers.*

Jailhouse

Auch bekannt unter den Titeln *Rudie* und *Good Good Rudie.* Siehe: *The Best Of Bob Marley & The Wailers.*

Sinner Man

Traditional, später Tosh zugeschrieben

Auch bekannt unter dem Titel *Zimmerman*. Peter sollte später noch mehrere Male auf diese originale Rocksteady/Ska-Version des bewegenden Gospel-Songs zurückgreifen (*Down Presser*). Eindrucksvoll finster und aufrichtig singen Peter und Bunny die Hauptstimmen. Diese Aufnahme ist gegenüber der Single-Fassung leicht abgeändert. Auch bei Island (UK) (WI 3009, 1966) und bei Ska Beat (unter dem Titel *Zimmerman*, JB 249, 1966) als Single erschienen. Der Song wurde bei Lee Perry noch einmal als *Down Presser* aufgenommen (Peter Touch, The Wailers, UK Punch PH77, JA Upsetter, 1971, auf der B-Seite der letzteren Fassung ist außerdem noch eine Dub-Version zu hören). Tosh veröffentlichte den Titel noch einmal als *Downpressor Man* auf seinen Alben *Equal Rights* (1977) und *Captured Live* (1984).

Who Knows It Feels It

Siehe: *The Best Of Bob Marley & The Wailers.*

Let Him Go

Siehe: *Marley, Tosh, Livingston & Associates.*

When The Well Runs Dry

Siehe: *The Wailing Wailers.*

Can't You See

Diese Fassung ist weitaus frischer. Siehe: *Marley, Tosh, Livingston & Associates.*

What Am I Supposed To Do
Livingston

Livingston singt hier einen wirklich eleganten Rocksteady/Ska-Song mit einem vorzüglichen Saxofon-Solo von Tommy McCook. Diese Aufnahme besitzt verblüffende Ähnlichkeit mit Delroy Wilsons gewaltigem Hit *Dancing Mood*, der zur gleichen Zeit (1966) für das Studio One aufgenommen wurde.

Rolling Stone

Diese Aufnahme ist wesentlich klarer und wurde nicht neu abgemischt. Siehe: *Marley, Tosh, Livingston & Associates.*

Bend Down Low

Siehe: *The Best Of Bob Marley & The Wailers.*

Freedom Time

Marley

Auch bekannt unter dem Titel *Children Get Ready*. Dieser behäbige Rocksteady wurde ursprünglich für das Wail 'N Soul 'M-Label als B-Seite von *Bend Down Low* aufgenommen. Eine fantastische Vorstellung von Bob, der umso stärker wird, je länger der Song dauert. Ein wenig bekannter Wailers-Klassiker, der später noch zu *Crazy Baldhead* umgearbeitet wurde (Album *Rastaman Vibration*). Auch bei Island (UK) (WI 3043, 1967) erschienen.

Rocking Steady

Marley

Diese Ur-Version ist besser als die schlecht nachbearbeitete Pressung, die Mitte der Achtziger erschien und die man für gewöhnlich als jamaikanische Coxsone-Single finden kann. Eine simple Ode an den Rocksteady-Tanz mit nur vier Akkorden und Bob als Lead-Sänger, unterstützt von Bunny, Rita und Peter.

Niemand scheint wirklich genau zu wissen, wann der Song aufgenommen wurde: Die Cover-Notiz bietet das Jahr 1971 an, obgleich der Sound des Coxsone-Studios in dieser Zeit tatsächlich schon weitaus anspruchsvoller war. Sein wahrer Ursprung bleibt wohl ein Geheimnis, doch der Track ist vermutlich nicht einmal eine Coxsone-Produktion: Er klingt eher wie ein Johnny Nash/JAD-Demo.

Das allerdings ist lediglich eine Theorie – nicht meine eigene, muss ich zwar hinzufügen, doch sie stammt aus einer gut informierten Quelle – und sie klingt höchst plausibel. Sollte dies der Fall sein, so könnte man diese Aufnahme auf das Jahr 1968, die Zeit der Rocksteady-Ära, zurückdatieren – wofür auch das Thema selbst spricht. Denn wenn der Song im Jahr 1971 aufgenommen worden wäre, warum hätte Bob die Tugenden eines Tanzes preisen sollen, der schon seit drei Jahren aus der Mode war? Der Track ist übrigens eine Adaption des *Calypso Cha Cha Cha* von Count Lasha & His Calypsonians (Jamaican Caribou, 78 RPM Single, ca. 1958).

One Love wurde später auf zwei einzelnen LPs/CDs veröffentlicht:

Bob Marley & The Wailers: Simmer Down At Studio One
(Heartbeat HB 171, 1994)

This Train, Simmer Down, I Am Going Home, Do You Remember, Mr Talkative, Habits, Amen, Go Jimmy Go, Teenager In Love, I Need You, It Hurts To be Alone, True Confession, Lonesome Feeling, There She Goes, Diamond Baby, Playboy, Where's The Girl For Me, Hooligan, One Love, Love And Affection.

Bob Marley & The Wailers: The Wailing Wailers At Studio One
(Heartbeat HB 172, 1994)

And I Love Her, Rude Boy, I'm Still Waiting, Ska Jerk, Somewhere To Lay My Head, Wages Of Love Rehearsal, Wages Of Love, I'm Gonna Put It On, Cry To Me, Jailhouse, Sinner Man, Who Feels It Knows It, Let Him Go, When the Well Runs Dry, Can't You See What I am Supposed To Do, Rolling Stone, Bend Down Low, Freedom Time, Rocking Steady.

Peter Tosh: The Toughest Featuring The Wailers, Skatalites, Upsetters

(Heartbeat HB LP/CD 150, 1996)

Hoot Nanny Hoot, Maga Dog, Amen, Jumbie Jamboree, Shame And Scandal, Sinner Man, Rasta Shook Them Up, The Toughest, Don't Look Back, When the Well Runs Dry, Making Love, Can't You See, Treat Me Good.

Die folgenden Tracks wurden von Lee Perry produziert:

Rightful Ruler (feat. U Roy), *400 Years, No Sympathy, Secondhand* auch bekannt als *Brand New Secondhand (Version 1), Secondhand* auch bekannt als *Brand New Secondhand (Version 2), Downpresser.*

Hier sind sämtliche Songs (bis auf zwei) zu finden, die Peter Tosh & The Wailers im Studio One aufgenommen haben. Daher ist dies eine uneinheitliche Mischung aus Ska und Calypso, in der Peter entweder als Solist oder mit den Wailers im Background auftritt. Einschließlich der Originalversionen der Songs, auf die sowohl Peter als auch die Wailers selbst von Zeit zu Zeit immer wieder zurückgriffen, wie beispielsweise das bissige *Maga Dog* und das schwermütige *Don't Look Back* (im Original von den Temptations bei Motown gesungen), ein Song, der sich in der unvergesslichen Version von Keith & Tex für den Produzenten Derrick Harriott in Jamaika einer unglaublichen Popularität erfreuen konnte. Peters Übernahme und Adaption des Mento-Calypsos *Archie Buck Them Up* in den Titel *Rasta Shook Them Up* war bereits ein frühes Anzeichen für die Richtung, in die The Wailers bald gehen sollten. Seine Überarbeitung von James & Bobby Purifys Song *I'm Your Puppet* in das ruhmreiche *The Toughest*, auch bekannt unter dem Titel *I'm The Toughest*, ist schlichtweg ein Meisterstück.

Die Einbeziehung von einem halben Dutzend Lee Perry-Produktionen fügt sich perfekt in das Gesamtbild des Peter Tosh als Solokünstler ein. Während die meisten Titel auch anderswo zu haben sind, ist hier das großartige *Rightful Ruler*, auch *Earth's Rightful Ruler* genannt, zum ersten Mal auf eine CD gebannt, was dieses Set wahrlich bedeutend macht. Peter leitet den Song in der äthiopischen Landessprache amharisch ein und spricht dann (er singt nicht!)

zusammen mit dem legendären U Roy auf einer seiner ersten Aufnahmen überhaupt über eine Ausarbeitung des Songs *Selassie* von den Reggae Boys im Nyahbinghi-Stil (Nyahbinghi = Tod allen weißen Unterdrückern und deren schwarzen Verbündeten). Eine Aufnahme, die ihrer Zeit weit voraus war und ein Vorgeschmack auf das, was da noch folgen sollte.

Bob Marley & The Wailers: Destiny Rare Ska Sides From Studio One (Heartbeat HB LP/CD 191, 1999)

Destiny, Wages Of Love, Do You Feel the Same Way, Your Love, Don't Ever Leave Me (Take One), Don't Ever Leave Me (Take Two), I Need You, Rock Sweet Rock, Another Dance, I Stand Predominant, Where Is My Mother (Acoustic Version), Where Is My Mother (Band Take), Dance With Me, What's New Pussycat, Treat Me Good, Jerking Time (auch bekannt als *Jerk In Time), Do It Right, Let the Lord Be Seen In Me, White Christmas.*

Dieses Album bietet exakt das, was die Plattenhülle verspricht, wobei hier die Ska-Seite künstlerisch eindeutig verbessert wurde, indem Bunny mit der Hauptstimme den Ska mehr in Richtung der Rocksteady-Klassiker lenkt. Sowohl *I Stand Predominant* (auch bekannt als *I Stand Predominate*) als auch *Rock Sweet Rock* (auch bekannt als *Sweetest Rocker In Town*) sind beide unglaublich selten und erzielen auf dem Sammlermarkt immer noch erschreckend hohe Preise, obgleich solch seltene Tracks wie diese hier überaus feinfühlig in die Sammlung der bekannteren und leichter zugänglichen Songs integriert wurden. Nicht nur die fast schon schmerzende, wunderschöne Doo-Wop-Ballade *I Need You* ist hier zu hören, die für diese Zusammenstellung in *I Need You So* umbenannt wurde, um eventuelle Verwechslungen mit einem völlig anderen Song des *One Love*-Sets mit eben demselben Titel zu vermeiden. Man findet hier auch das von den Wailers gesungene Weihnachtslied *White Christmas,* das tatsächlich viel besser ist als man glaubt. Die Akustik-Aufnahme von *Where Is My Mother,* in der Zeilen aus *This Train* und Curtis Mayfields

Little Boy Blue verwendet wurden, ist besonders faszinierend, doch bei über 100 Songs aus dem Studio One-Katalog der Wailers, die zur Auswahl standen, kann man eigentlich fast nicht falsch liegen.

Diese Coxsone-Aufnahmen sind eindeutig mehr als nur Versuchsarbeiten an den Songs, die erst in der Zeit bekannt wurden, als Bobs Berühmtheit immer weiter zunahm, doch leider werden sie nur sehr selten im gleichen Licht seiner „anspruchsvolleren" Aufnahmen der Siebziger betrachtet. Es ist wichtig, diese Platten genau als das zu betrachten, was sie tatsächlich sind: Sie wurden in einer Zeit produziert, als es für die jamaikanische Musik noch keinen „Crossover-Markt" gab und sind daher von Jamaikanern ausschließlich für ein jamaikanisches Publikum gemacht worden, das jede lyrische und musikalische Nuance sofort erkannte und ganz genau verstand. Hier lag ihre wahre Stärke. Man sollte sich an ihnen erfreuen als frühe Werke, die für die späteren „Klassiker" als Vorlage dienten und Zeichen setzten. Verlieren Sie also bitte niemals die Tatsache aus den Augen, dass es sich hier ebenfalls um Klassiker handelt, wenn sie auch noch so ursprünglich, rau und schmucklos klingen mögen.

Bob Marley & The Wailers: Wailers And Friends Top Hits Sung By The Legends Of Jamaican Ska (Heartbeat HB LP/CD 201, 1999)

I've Got To Go Back Home – Bob Andy & The Wailers, *Jerk All Night* – Delroy Wilson & The Wailers, *That Ain't Right* – Rita Marley & The Soulettes with The Wailers, *The Train Is Coming* – Ken Boothe & The Wailers, *Oh My Darling* – Bob Marley & Marcia Griffiths, *One More Chance* – Rita Marley & The Soulettes with The Wailers, *Tell Them Lord* – Bob Marley & The Wailers, *Where's Sammy Gone* – Lord Brynner & The Wailers, *Ice Water* – Jack Sparrow & The Wailers, *Friends And Lovers* – Rita Marley & The Soulettes with The Wailers, *Rude Boy* – Bob Marley & The Wailers, *Pussy Galore* – Lee „Scratch" Perry & The Wailers, *Bless You* – Bunny Livingstone & Rita Marley, *A Time To Cry* – Jackie Opel & The Wailers, *A Deh Pon Dem* – Rita

Marley & The Soulettes with The Wailers, *I Want Justice* – Delroy Wilson & The Wailers, *The Mill Man* – Jackie Opel & The Wailers, *Don't Cry Over Me* – Joanne Dennis & The Wailers.

Ein Album wie dieses, das sich auf die Arbeit der Wailers als Backing-Sänger konzentriert, setzt sie sauber in ihren musikalischen jamaikanischen Mainstream-Kontext. Mr. Dodd war immer bekannt als jemand, der aus allem und jedem das herausholte, was nur möglich war, und wenn seine Sänger nicht gerade in einem Solo-Projekt involviert waren, konnten sie ebenso gut als Background-Sänger für einen anderen Stern des Studio One-Firmaments fungieren. Die akribischen Recherchen, die Sorgfalt und die Aufmerksamkeit, die den Details dieses speziellen Projekts zuteil wurden, sind wirklich überaus bemerkenswert. Songs wie Bob Andys *I've Got To Go Back Home* (ein sehr früher Song zur Repatriierung) und Ken Boothes viel kopiertes *The Train Is Coming* waren Riesenhits, doch viele dieser Songs blieben außer für einige engagierte Musikstudenten im Allgemeinen unbekannt.

Ebenfalls zu hören ist die wunderschöne Ballade *Oh My Darlin'* von Bob Marley und Marcia Griffiths und Lee Perrys etwas anzüglicher Tribut an *Pussy Galore*, die Heldin aus dem Film „Goldfinger". Die Wailers intonieren zu ihrem *Rude Boy*-Rhythmus im Hintergrund feierlich die Zeile *Sweet, sweet Pussy Galore*, und die Doppeldeutigkeit (die damals außerhalb der Karibik noch recht ungewöhnlich war) blieb dem jamaikanischen Publikum keineswegs verborgen. In vielerlei Hinsicht war James Bond 007 der ultimative Held der Rude Boys und es ist sicherlich kein Zufall, dass Ian Fleming sämtliche James Bond-Bücher an der Nordküste Jamaikas schrieb.

Bob Marley & The Wailers: Climb The Ladder

(Heartbeat HB LP/CD 251, 2000)

Dancing Shoes, (I'm Gonna) Put It On, Lonesome Track, Climb The Ladder, Love Won't Be Mine This Way, Dreamland, Lemon Tree, Nobody Knows, Wings Of A Dove, Sinner Man, Ten Commandments

Of Love, Sunday Morning, I Made A Mistake, I Don't Need Your Love, Donna, The Jerk, Just In Time.

Eine weitere wunderbare Songauswahl, die sich von den Riesenhits bis hin zu den weniger bekannten obskuren Songs erstreckt und mit dem fröhlichen Titel *Dancing Shoes* eröffnet – *We're gonna dance till our legs get kinda tired.* Außerdem findet sich hier eine der seltensten frühen Wailers-Aufnahmen, und zwar ihre Version des Standards *Lemon Tree,* das nicht nur von den Impressions interpretiert wurde, sondern sowohl für Peter, Paul & Mary als auch für Trini Lopez in den USA zum Hit wurde. Den Wailers gelang mit ihrer Calypso-Version allerdings nur ein recht mäßiger Charterfolg.

Die Verarbeitung des Studio One-Katalogs der Wailers durch das Heartbeat-Label ist immer vorbildlich gewesen. Eine Veröffentlichung nach der anderen warf nicht nur ein neues Licht auf die vertrauten Aufnahmen, sondern machte den Musikliebhabern auch eine unglaubliche Auswahl an Songs verfügbar, was zuvor lediglich der exklusiven Domäne der reichen und besessenen Plattensammler vorbehalten war.

Als ob diese Tatsache unter Beweis gestellt werden sollte, endet das Set mit dem Song *Just In Time* von Bob Marley & The Spiritual Sisters Tabernacle, einem wunderschönen Gospel, in dem Bob seine Liebe zu Jesus in einer leidenschaftlichen Art und Weise besingt, die er nach seiner Konvertierung zum Rastafari nur noch Haile Selassie entgegenbringen sollte.

Bob Marley & The Wailers: Greatest Hits At Studio One

(Heartbeat HB LP/CD 257, 2003)

One Love, (I'm Gonna) Put It On, Simmer Down, Treat Me Good, Who Feels It Knows It, Cry To Me, It Hurts To Be Alone, Dreamland, Let Him Go, Sinner Man, Jailhouse, Love And Affection, Maga Dog, I Am Going Home, I Need You So, I'm Still Waiting, And I Love Her, Sunday Morning.

In Wahrheit handelt es sich hierbei um mehr als nur die größten Hits, mit neu bearbeiteten Aufnahmen einiger der berühmteren Songs aus dem Studio One-Katalog, einschließlich einer dritten

Version des beeindruckenden *It Hurts To Be Alone* mit einem weiteren atemberaubenden Solo von Ernest Ranglin und sogar noch mehr von Junior Braithwaites klarem und emotionalem Vortrag. Die Herkunft des Bunny Wailer-Songs *Dreamland* ist bereits detailliert besprochen worden (er wurde zuerst von El Tempos für das amerikanische Veejay-Label unter dem Titel *My Dream Island* aufgenommen) und auch die Ur-Version von *One Love* ist hier zu finden – die spätere Fassung wurde von niemand Geringerem als der BBC zum Jahreswechsel 2000/2001 zum „Song Of The Millennium" gekürt. Schlichte lokale Sorgen und Nöte werden mit den Rude Boy-Hymnen *Let Him Go* und *Jailhouse* auf diesem Sampler ebenfalls behandelt. Während die meisten Künstler auf Nummer sicher gingen, wenn es darum ging, über die ungezügelten Aktivitäten der Rudies zu singen, stellten sich die Wailers unmissverständlich und vorbehaltlos auf die Seite der Unterdrückten.

Als Heartbeat das Album *One Love* im Jahr 1991 veröffentlichte, mag es wohl so ausgesehen haben, als hätten sie alles auf eine Karte gesetzt und dass jeder weitere Sampler des Studio One-Materials von Bob Marley & The Wailers positiv betrachtet kaum mehr als ein Lückenfüller und negativ gesehen lediglich eine Resteverwertung sein würde. Dies war jedoch niemals der Fall, und mit ihrem unbegrenzten Zugriff auf Mr. Dodds originale Master-Bänder, den von Sammlern mit Argusaugen bewachten originalen 7"-Vinyl-Platten sowie einigen seltenen Fotografien aus Mr. Dodds Privatarchiv wurde jede Veröffentlichung selbst für die härtesten Kritiker zu einer freudigen Offenbarung.

Ian McCann erwähnte in der ersten Ausgabe dieses Buchs, es sei „schwer vorstellbar, dass eine ähnliche Songzusammenstellung die vorherige noch toppen kann" und – nur zu ihrer Verteidigung – das hat Heartbeat auch niemals versucht. Stattdessen haben sie diese Sampler regelmäßig mit einer Reihe von intelligent zusammengetragenen und wunderschön präsentierten Sets vervollständigt und mit ausführlichen Kommentaren von anerkannten Experten für die Geschichte der jamaikanischen Musik versehen. Die Kraft und die Schönheit der Musik, die Bob Marley & The Wailers im Studio One produzierten, ist und bleibt unstrittig, und: Die Präsentation bewegt sich auf demselben hohen Level.

Bob Marley & The Wailers: The Birth Of A Legend (auch Birth Of A Legend) 1963-66

(Calla CAS 1240, 1976; Epic ZGT 46769)

Eine Zusammenstellung von Studio One-Oldies, zum ersten Mal im Jahr 1976 vom Calla-Label veröffentlicht – und von dem berühmten Disko-Produzenten Tom Moulton soundmäßig leider etwas verpfuscht. Die CD-Neuauflage von Epic 1990 konnte das Soundproblem allerdings beheben. Auf der CD findet man auch einen ausführlichen und informativen Cover-Kommentar von Timothy White, Autor des Buchs „Catch A Fire: The Life Of Bob Marley“. Im Jahr 1977 erschien die Calla-LP bei CBS in zwei Teilen als *The Birth Of A Legend* und *Early Music*, auf denen Bob Marley & The Wailers feat. Peter Tosh angegeben war. Die Tracks wurden außerdem für eine Low-Price-LP des Hallmark-Labels mit dem Titel *Bob Marley & The Wailers with Peter Tosh* verwendet.

I Made A Mistake

Mayfield

Ein Cover eines Impressions-Songs, bei dem sich die Wailers in jammervoller Doo-Wop-Stimmung befinden. Erschienen in Großbritannien als 7” bei Ska Beat (JB 226 1965). Ein schwaches Eröffnungsstück.

One Love

Siehe: *The Wailing Wailers.*

Let Him Go

Siehe: *Marley, Tosh, Livingston & Associates.*

Love And Affection

Siehe: *The Wailing Wailers.*

Simmer Down

Siehe: *The Wailing Wailers.*

Maga Dog

Siehe: *Marley, Tosh, Livingston & Associates.*

I Am Going Home

Siehe: *The Best Of Bob Marley & The Wailers.*

Donna

Marley

Ein rauer holpriger Ska-Song aus dem Jahr 1964.

Nobody Knows

Traditional

„Nobody knows the trouble Bob has seen" bei dieser weiteren Ska-Nummer. Von nur durchschnittlicher Qualität, auch wenn das Trompetensolo in der Mitte sehr stark ist.

Lonesome Feeling

Siehe: *The Wailing Wailers.*

Wings Of A Dove

Siehe: *The Best Of Bob Marley & The Wailers.*

It Hurts To Be Alone

Siehe: *The Wailing Wailers.*

I'm Still Waiting

Siehe: *The Wailing Wailers.*

Who Feels It

Auch bekannt unter dem Titel *Who Feels It Knows It*. Siehe: *The Best Of Bob Marley & The Wailers.*

Do You Remember

Siehe: *One Love.*

Dancing Shoes

Siehe: *The Best Of Bob Marley & The Wailers.*

I Don't Need Your Love

Marley

Ein grober und lauter Ska'n'B-Song mit holprigem, übermotiviertem Satzgesang.

Lonesome Track

Siehe: *Marley, Tosh, Livingston & Associates.*

Do You Feel The Same Way

Bob fragt sich zu einer akzeptablen, aber wenig aufregenden Ska-Melodie, was seine Angebetete über die Beziehung denkt.

The Ten Commandments Of Love

Siehe: *The Wailing Wailers.*

Bob Marley & The Wailers: Chances Are
(WEA K99183 UK, Cotillion SD 5228 US, 1981)

Nach Bobs Tod gab es im Jahr 1981 ein seltsames Gerangel unter den Plattenlabels, die zu seinen Lebzeiten total dagegen waren, überhaupt etwas herauszubringen, auf dem sein Name stand. *Chances Are* war das Album, das die meiste Aufmerksamkeit auf sich zog und auf dem Arbeiten zu finden sind, von denen Bobs Publikum vielleicht nie etwas erfahren hätte, im Gegensatz zu wahrlich Dutzenden anderer Zusammenstellungen, die lediglich zwischen den Songs der Alben *Soul Rebels, Soul Revolution* und *Best Of Wailers* bis zum Überdruss hin und her jonglierten.

Die acht Tracks auf *Chances Are* wurden zwischen 1968 und 1972 aufgenommen und für JAD zusammengeschnitten, das Label des Managers von Johnny Nash, Danny Sims. Marley kam 1968 mit Nash und Sims in Kontakt und versorgte Nash mit einem Haufen Songs, was ihm einen ersten Vorgeschmack des internationalen Erfolgs einbrachte. Marley unterschrieb außerdem einen Vertrag mit Cayman Music, Sims' Verlagsunternehmen, doch Gerüchte sagen, Bob sei in der Island-Ära so unzufrieden mit dem Cayman-Deal gewesen, dass er seine Songs lieber Rita, den Bandmitgliedern oder seinen Freunden aus Trenchtown zuschrieb, als sie über Cayman veröffentlichen zu lassen. Wieviel Wahrheit in diesen Gerüchten auch stecken mag, es ist unbestritten, dass Sims der erste Geschäftsmann mit internationalen Beziehungen war, der clever genug war zu erkennen, dass Bob es über die Grenzen von Jamaika hinaus schaffen konnte.

Wie dem auch sei, *Chances Are* jedenfalls ist selbst bei wohlwollender Betrachtung kein wirklich großartiges Album. Noch Jahre nachdem die Songs aufgenommen wurden, dokterte man im Studio an ihnen herum, wobei man dem Großteil der Tracks zusätzlich noch Gitarren, Drums, Background-Stimmen, Bläser und Percussions hinzufügte. So wurden aus einfachen Songs wie *Soul Rebel* und *Dance Do The Reggae* groß produzierte Nummern gemacht. Was *Reggae On Broadway* angeht, einer von Bobs ersten Versuchen, amerikanisches Publikum für sich zu gewinnen, so wird hier überaus deutlich, warum der Versuch fehlschlug. Zweifelsohne verdient Sims Anerkennung für die Demonstration von Bobs Potential und für die Demonstration, dass es da draußen noch eine ganze Welt zu erobern gab. Wenn das Album *Chances Are* der Standard gewesen wäre, an dem man Bobs Potential beurteilen sollte, hätte er es nie und nimmer produziert. Doch mit Hilfe der modernen Studiotechnik ist es inzwischen durchaus möglich, aus einem Ackergaul ein Rennpferd zu machen, wie der Song *Iron Lion Zion* beweist. Vielleicht hätte Sims das allerdings auch einmal von einer anderen Seite aus betrachten sollen.

Produzenten: Bob Marley & Larry Fallon. Geschäftsführender Produzent: Danny Sims. Ursprüngliche Produzenten: Danny Sims, Johnny Nash, Arthur Jenkins.

Reggae On Broadway

Wirklich sehr ungeschickt, dass das Album mit *Reggae On Broadway* beginnt, denn diese Rock/Funk-Mixtur ist ein schrecklicher Reinfall, der Bobs Stimme inmitten von verzerrten Akkorden und Sitar-Klängen verschwimmen lässt. Die Originalversion als CBS-Single (8114, nur in Großbritannien) war weitaus weniger überladen, wenn auch trotzdem nur mittelmäßig. Dieser Mix wurde bei Cotillion als 12"-Single veröffentlicht.

Gonna Get You

Das hier ist schon besser, denn das ganze hinzugefügte Zeug, abgesehen von den Rasta-Drums, ist eher ziemlich unauffällig, und was wir als die Wailers-Gesangssätze mutmaßen, erscheint hier doch sehr wirkungsvoll. Der Song wird nicht als einer von Bobs Klassikern in die Geschichte eingehen, doch er ist recht gefällig. Auch erschienen als B-Seite des neu aufbereiteten *Reggae On Broadway*.

Chances Are

Der Titelsong ist eine langsame Soul-Ballade im Südstaaten-Stil, bei der Bob und (wahrscheinlich) Rita ihren William Bell & Judy Clay-Part spielen.

Soul Rebel

Die Ur-Version des Titelsongs einer späteren LP. Zumindest hätte er das Original sein können, wenn man ihn nicht mit Drums im Sly Dunbar-Stil und einer Phaser-Gitarre in eine übertriebene Produktion gezwängt hätte.

Dance Do The Reggae

Bob als anspruchsvoller Soul-Mann der frühen 70er, mit Disko-Overdubs und sogar einigen Reggae-Elementen.

Mellow Mood

Aus einem von Bobs ersten Kompositionserfolgen für Johnny Nash wurde hier ein überladenes Remake produziert. Das Original ist auf *Songs Of Freedom* zu finden. Die JAD-Version (d.h. diese Fassung hier ohne Overdubs) war eine Single, zusammen mit *Bend Down Low,* die unter dem Namen Bob Marley Plus Two erschien (WIRL, JA, JAD US) und außerdem auf mehreren Samplern auftaucht, unter anderem auch auf *Soul Rebel* des Labels New Cross Records (UK) und auf *Jamaican Storm* (Accord, US).

Stay With Me

Diesem Song, der vermutlich zunächst eine Rocksteady-Melodie war, sind ein paar Rasta-Drums und eine militante Reggae-Snare im 2/4-Beat beigemengt worden. Die Produktion des Originals – was es hier nun mal ist – klingt kurioserweise wie eine Arbeit Leslie Kongs. Ansonsten klingt Bobs Stimme an manchen Stellen sehr flach und man könnte meinen, es handele sich hier um ein Demo, das man getrost vergessen kann.

I'm Hurting Inside

Diese Version ist überladen mit Overdubs. Siehe: *Songs Of Freedom.*

Soul Rebel
(New Cross NC 001/Bellaphon)

Von Sims, Nash und Jenkins produzierte Tracks ohne Overdubs, erschienen 1982 in Großbritannien bei New Cross und in Deutschland bei Bellaphon. Weitaus besser als *Chances Are,* aber eine sehr zurückhaltende Veröffentlichung. Dieses Material wurde mit den unterschiedlichsten Titeln auf verschiedenen Labels in der ganzen Welt so häufig nachgepresst, dass es für die wahren Marleyisten schon fast wertlos geworden ist.

Die Tracks sind: *There She Goes, Put It On, How Many Times, Mellow Mood, Changes [Chances] Are, Hammer, Tell Me, Touch Me, Treat You Right, Soul Rebel.*

Jamaican Storm
(Accord US SN7211)

Das gleiche Album wie *Soul Rebel* bei New Cross/Bellaphon.

Bob, Bunny, Peter & Rita – Bob Marley & The Wailers
(JAD JR 10002, 1985)

Noch mehr JAD-Produktionen aus den späten Sechzigern mit zusätzlichen Instrumenten. Tracks: *Oh Lord (*auch *Oh Lord I Got To Get There), It Hurts To Be Alone, Lonesome Feelings, Milkshake & Potato Chips, Touch Me, Lonely Girl, The World Is Changing, Treat You Right, Soul Shake Down Party.*

Leslie Kong (Beverley's)-Produktionen

The Wailers: The Best Of The Wailers
(Beverley's BLP 001, ca. 1970)

Im Jahr 1969 begannen die Wailers ihre Zusammenarbeit mit Leslie Kong, dem damals mit Künstlern wie Desmond Dekker, Jimmy Cliff & The Maytals und vielen anderen international erfolgreichsten Reggae-Produzenten. Bob hatte schon in den Jahren 1962-1963, bevor die Wailers zusammenkamen, drei oder vier Songs für Kong aufgenommen, jedoch ohne besonderen Erfolg (siehe Album-Box: *Songs Of Freedom*). Ähnlich erging es dem Wailers-Material aus den späten Sechzigern, das zum größten Teil für Kongs Beverley's-Label in den Dynamic Sound Studios in Kingston aufgenommen wurde, dessen Funke jedoch nicht auf die Reggae-Käufer überspringen wollte. Aber Bob, Bunny & Peter fanden schon bald durchaus sympathische Rückendeckung in dem Produzenten Lee Perry.

Die Leslie Kong-Sessions waren eine Verschmelzung aus Rocksteady und dem damals aufstrebenden Reggae-Beat, in den improvisierten Zwischenteilen gepaart mit dem erheblichen Einfluss des funkigen Southern Soul. Sie wurden von unzähligen Lizenznehmern in Europa und Amerika x-mal neu aufgelegt, bis ihre Bekanntheit sie regelrecht verachtenswert erscheinen ließ. Sollten Sie die Songs nicht unter diesem Titel finden, so versuchen Sie es mit *Shakedown, Soul Shakedown Party, Best Sellers, Soul Captives* usw. Das Material wird zwangsläufig dasselbe sein.

Da sich niemand darum gekümmert hat, sich die Exklusivrechte an den Songs zu sichern, werden Sie vermutlich kaum annehmen, dass es sich hier tatsächlich um das Beste der Wailers handelt, und damit haben Sie völlig Recht. Auf ein paar der Songs ist die Gruppe in ihrer Laufbahn bei den Major-Labels noch einmal zurückgekommen. Allerdings gibt es auch hier einige wundervolle Momente, die dem wahren Marley-Fan unter Umständen entgehen könnten.

Soul Shakedown Party

Marley

Als der bekannteste Song aus diesen Sessions ist Bobs *Soul Shakedown Party* mit seinen starken Harmonien und einer für diese Ära typischen Reggae-Gitarre ein echter Spaßtitel. Bob tut sein Bestes, um dem Song ein wenig amerikanische Soulatmosphäre einzuhauchen, indem er wie Edwin Starr oder Wilson Pickett hier und da ein paar *„Huhs"* einbaut und kreischt: *Hit it brother y'all*, bevor das Orgelsolo beginnt, das so klingt als sei es von Winston Wright. Es geht das (vermutlich völlig aus der Luft gegriffene) Gerücht um, die Wailers hätten für diesen Song einen Kooperativ-Vertrag mit Kong geschlossen, an dessen Abmachungen sich Kong später allerdings nicht mehr gehalten haben soll. Der Titel ist auch auf dem *Songs Of Freedom*-Set zu finden sowie auf zwei 45er-Singles des britischen Trojan-Labels (TR 7759, 1970; 7911, 1974). Die erstere rühmt sich mit einer Instrumental-Version auf der B-Seite, die den Beverley's All Stars zugeschrieben wurde.

Stop The Train

Tosh

Tosh singt hier einen weiteren Train-Song, in dem er sich wirklich klagend mit emotionaler und sozialer Ungerechtigkeit befasst. Tosh liebte seinen vermutlich von Keith' & Tex' großem Rocksteady-Hit beeinflussten Song mit fast demselben Titel – *Stop That Train* – genug, um ihn sowohl für das Album *Catch A Fire* (1973) als auch sein *Mama Africa*-Album (1983) erneut anzugehen. Diese Originalversion war eine Single bei Summit (UK) (SUM 8526, 1971).

Caution

Marley

Als wohl beste Aufnahme, die The Wailers für Kong je gemacht haben, wird *Caution* von einem absteigenden Staccato-Gitarrenlick von Hux Brown gekrönt, das so oder so ähnlich schon häufig Leslie Kong-Produktionen belebte. Wieder geht es um den Aufruf zur

Selbstbeherrschung, wobei das Leben – gepaart mit der unentwegten Suche der Wailers nach der ultimativen Black Music – mit einer Straße unterschiedlicher Beschaffenheit und zu unterschiedlichen Wetterbedingungen verglichen wird: *Caution the road is wet, black soul is black as jet, caution the road is hot, said you gotta do better than that ...*

Der Song wurde angeblich geschrieben, nachdem Bob eine Nacht im Gefängnis verbringen musste, weil man ihn mit seinem Wagen angehalten hatte, den der Rastafari-Führer Mortimo Planno[1] ohne Führerschein fuhr. Die Gesangssätze lassen nichts zu wünschen übrig und selbst Bobs *Hit me from the top, you crazy muthafuckin'* ist hier nicht fehl am Platze, obgleich diese Zeile sowohl aus der in Jamaika erschienenen Beverley's-Single als auch aus der britischen 45er-Summit-Single (SUM 8526, 1971) als ein im Reggae sehr seltener Akt der Zensur entfernt wurde. Hier sind die Wailers echte „Soul Rebels" und stellen sich so dar, wie manche fälschlicherweise glaubten, dass sie es nur unter der Anleitung von Lee Perry, ihrem nächsten Produzenten, tun konnten. Dieser Titel ist auch auf dem *Songs Of Freedom*-Set zu finden und kam bei Trojan (UK) als B-Seite zu *Soul Shakedown Party* heraus (TR 7911).

Soul Captives
Marley

Eine weitere Wailers-Aufnahme, die sich sehr nahe am Gospel bewegt, mit Bob als Lead-Sänger und noch mehr bebenden Gitarrenlicks von Hux Brown, und einer Einstellung zur Sklaverei, die ihr wachsendes Rasta-Selbstbewusstsein deutlich widerspiegelt. Auch hier sind die Background-Stimmen wieder unvergleichlich.

Go Tell It On The Mountain
Traditional

Tosh singt hier eine anscheinend von Marley bearbeitete Version des Spirituals, wenn man der Cover-Notiz Glauben schenken darf, was man allerdings möglichst nicht tun sollte. Der Song hat so sei-

[1] *Eigentlich: Mortimer Planner.*

ne Momente, besonders in Toshs schwelendem und an manchen Stellen regelrecht glühenden Lead-Gesang.

Can't You See
Tosh

Tosh und die Wailers kehren mit kaum erkennbaren Verbesserungen zurück zu ihrem rockigen Song aus der Studio One-Ära, da hier, abgesehen von Winston Grennans Snare-Fills und Winston Wrights Orgel, alles andere hinterherzuhinken scheint. Das Original befindet sich auf der LP *Marley, Tosh, Livingston & Associates* und wurde später von Tosh noch einmal für sein Album *Mama Africa* (1983) bearbeitet.

Soon Come
Tosh

Wieder einmal beklagt sich Tosh über das Ausbleiben einer sogenannten Freundin, die aber vermutlich lediglich eine unzuverlässige Geschäftsverbindung darstellen soll. Der Titel ist eine jamaikanische Redensart, die Geduld verlangt und zugleich fordert, sich niemals unterjochen zu lassen, ein Thema, das von vielen Rock-Journalisten immer wieder aufgegriffen wurde, die in den Siebzigern über den Reggae schrieben. Trotz der warmen, jazzigen Gitarren-Akkorde erscheint dieser Song eher wie ein Lückenfüller. In Jamaika auf dem Beverley's-Label als Single erschienen, mit einer Instrumental-Version als B-Seite (1970). Tosh nahm ihn noch einmal für sein erstes Rolling Stones Records-Album *Bush Doctor* (1978) auf.

Cheer Up

Ein Vorgänger des Titels *No Woman, No Cry* und ein Nachfahre von Sam Cookes *A Change Is Gonna Come*, jedoch ohne den Zauber dieser beiden, trotz der himmlischen Gesangsharmonien. Die Zeile *We've been down in captivity so long* wurde später von Bunny Wailer für seine hervorragende 1981er Single *Rise And Shine* verwendet.

Back Out

Marley

Als vermutlich zweitbestes Resultat der Wailers/Kong-Kollaboration nach *Caution* versprüht *Back Out* jene volkstümliche Atmosphäre, die auch die *Catch A Fire*-Sessions ausmachte. Bob versucht hier nicht, einen amerikanischen Soul-Sänger darzustellen, sondern er singt auf typisch jamaikanische Art Lobeshymnen auf ein Mädchen von der Straße und versucht denjenigen zum Schweigen zu bringen, der es wagen sollte ihm zu widersprechen. Ein ungezwungener Klassiker mit einem vorzüglichen Orgel-Solo, der zwar durchaus eine Neuauflage – zum Beispiel auf dem Album *Kaya* – verdient hätte, sie jedoch nie bekam. Dieser Titel ist auch auf dem *Songs Of Freedom*-Set zu finden.

Do It Twice

Marley

Bob liebt sie, aber sie lässt ihn nicht. Sie ist *so nice, he'd like to do the same thing twice.* Was mag er hier wohl meinen? So leicht wie *Back Out,* auch wenn sich dieser Titel hier keineswegs damit messen kann, plätschert der Song dahin und vermittelt den Eindruck, die Wailers hätten für Kong nicht wirklich alles aus sich herausgeholt. Auch auf dem *Songs Of Feedom*-Set zu finden.

Lee Perry-Produktionen

Von etwa 1970 an wurden die Wailers unter die Produktions-Fittiche Lee Perrys genommen. Perry, ein allseits bekannter Reggae-Freak, hatte schon vorher im Studio One mit den Wailers zusammen gearbeitet, wobei sie alle gleichermaßen ihr Handwerk lernten. Die Wailers sangen die Chöre auf seiner unanständigen *Pussy Galore*-Single (1966) ein und Ritas Gruppe, die Soulettes, unterstützten Perrys brüchige, aber leicht Bob-ähnliche Stimme ebenfalls einige Male. Sie alle trennten sich 1967 ungefähr zur selben Zeit vom Studio One-Boss Dodd. Perry erarbeitete sich Ende der Sechziger beachtlichen Erfolg als einer der neuen Generation unabhängiger Produzenten, zu denen auch Bunny Lee, Derrick Harriott, Joe Gibbs und einige andere zählten.

Da Perry sehr daran interessiert war, funkige amerikanische Musik mit dem Reggae zusammenzubringen und die Gefühle des Landes Jamaika zu ergründen, das sich nach und nach seiner Einstellung gegenüber dem Rastafari und dem schwarzen Militarismus immer bewusster wurde – Themen, von denen die Wailers stets fasziniert waren –, kam es fast zwangsläufig dazu, dass die beiden Parteien aufeinander trafen. Aus den Aufnahmen in Randy's Studio 17 in der North Parade in Kingston und gelegentlich bei Dynamic Sounds entstanden mit den Wailers und Perry mehr Songs, als für zwei Alben notwendig gewesen wären, die zum größten Teil über Perrys eigenes Upsetter-Label erschienen sind. Diese Liaison schuf außerdem für Bob die Basis für eine Band in Gestalt der Rhythmus-Truppe des Upsetter-Labels mit den Brüdern Carlton „Carlie" (Drums) und Aston „Family Man" Barrett (Bass). Weitere Musiker der Sessions waren Glen Adams (Keyboards), Hux Brown (Gitarre) und Lloyd „Tinleg" Adams.

Bob Marley & The Wailers: Soul Rebels

(Upsetter TBL 126, 1970; Trojan TBL 126, 1970, neuveröffentlicht 1989)

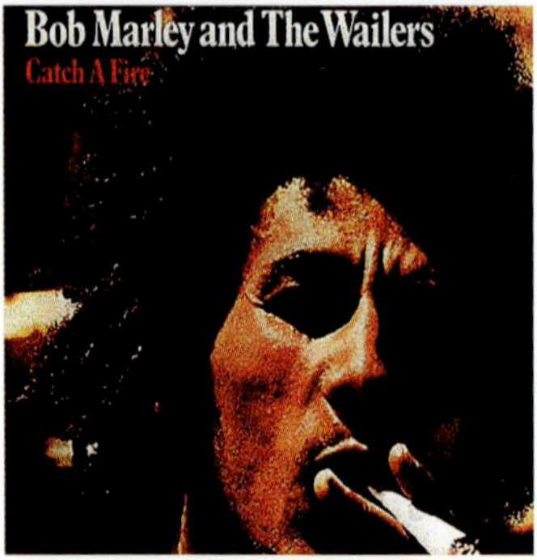
Bob Marley and The Wailers
Catch A Fire

BURNIN'
The Wailers

BOB MARLEY & THE WAILERS 'NATTY DREAD'

BOB MARLEY AND THE WAILERS
LIVE!

BOB MARLEY & THE WAILERS
RASTAMAN VIBRATION

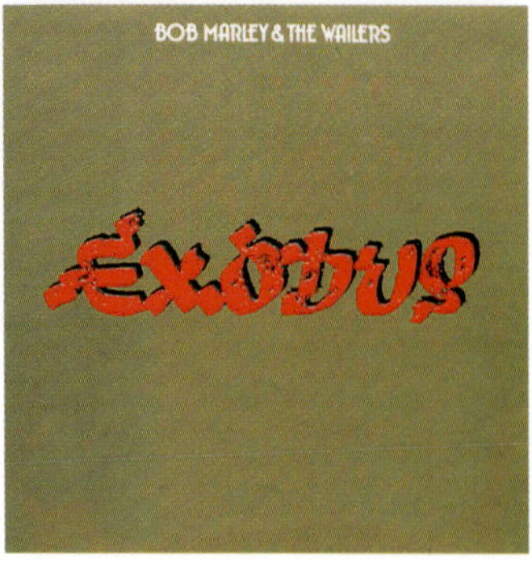
BOB MARLEY & THE WAILERS
EXODUS

BOB MARLEY
& THE WAILERS
Kaya

BOB MARLEY & THE WAILERS
BABYLON BY BUS

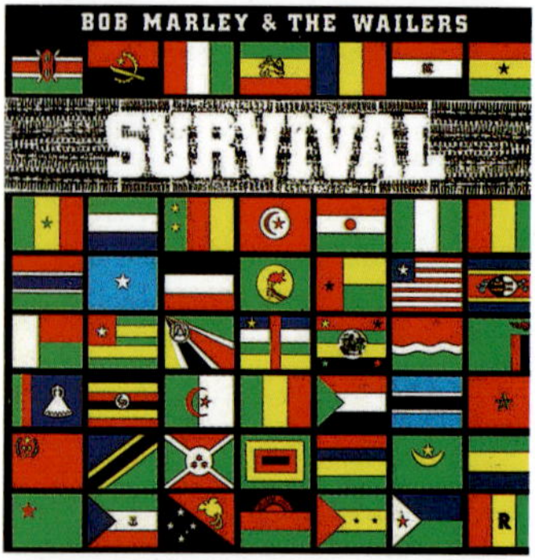
BOB MARLEY & THE WAILERS
SURVIVAL

BOB MARLEY & THE WAILERS
UPRISING

BOB · MARLEY
CHANCES ARE

BOB MARLEY & THE WAILERS CONFRONTATION

EUROPE

Obwohl das Album in gewisser Weise dem Wailers-Material für Leslie Kong ähnelt, gibt es doch ein paar ganz gravierende Unterschiede, da es Perry mit seiner Produktion gelang, das Beste aus Bobs Kompositionen herauszuholen, indem er sie mit minimalen Mitteln und ohne irgendwelche Kinkerlitzchen auskommen ließ: Die Songs standen oder fielen allein durch sich selbst. Hier bildete sich die Basis für die gesamte sparsame Skank-Bewegung der frühen Siebziger ohne jegliche Dubs, und es war teilweise schon die Art von Musik, die Bob später über das Island-Label bis in den letzten Winkel der Welt brachte, obgleich es hier scheint, als sei er absolut zwanglos und locker an die Songs herangegangen, ohne sich bewusst hinzusetzen und zu komponieren. Das Cover zeigt eine halbnackte schwarze Frau mit einem scheinbar sehr schweren Maschinengewehr im Anschlag, vor dem Foto eines jamaikanischen Wasserfalls, das möglicherweise nur als Tapete in einer schmutzigen Londoner Dachwohnung diente. Sex und Revolution: Zwei Hauptaspekte im Schaffen Bob Marleys auf einem Cover! Die Rückseite zeigt die Wailers auf einem Felsen, ihre Baby-Dreadlocks unter Hüten versteckt und in hippie-ähnlichen Shirts, bedruckt mit afrikanischen Motiven.

Produziert von Lee Perry. Laut Cover-Text sind sämtliche Songs von Bob Marley geschrieben. In Klammern sind allerdings zum Teil andere Verfasser genannt.

Soul Rebel

Die Wailers als Fremde, über die getratscht wird; die Sorte von Menschen, vor denen Eltern ihre Kinder warnen: *I'm a capturer ... that's what they say*. Aber Bob erklärt sich selbst zum *Living man* mit engem Bezug zur Natur. Er ist der schicke Außenseiter mit den Dreadlocks, eine Einstellung, die im Song *Natty Dread* später noch nähere Erläuterung findet. Die Band hinter ihm liefert etwas ab, was in diesem Zusammenhang als lächerlich geringe Unterstützung gelten muss, und obwohl die Gesangssätze so stark sind wie eh und je, erscheinen sie fast irrelevant verglichen mit Bobs vordergründiger Botschaft. Der Rhythmus-Track wurde später noch genutzt, um den Wailers-Song *Run For Cover*, die B-Seite der ersten 45er-Tuff Gong-Produktion (*Sun Is Shining*), Glen Adams' *Rebel Version* (Capo), Jacob

Millers *I'm A Natty* (Reflections JA) und U Roys *Knotty Knots* (Town & Country JA) 1975 zu stützen. Bob nahm den Song um 1969 auch für JAD Records auf (*Chances Are*-LP).

Try Me

Bob als Beschützer der Liebe und Soul-Man über einem funkig angehauchten Backing-Track mit einer rollenden, aufsteigenden Basslinie, die für Aston Barretts damalige Arbeit typisch war. Das Schlagzeug ist fast unhörbar, wie auf vielen Tracks dieses Albums, doch es scheint nicht wirklich zu stören, da hier alles irgendwie purer Rhythmus ist. Es ist übrigens nicht der James Brown-Song.

It's Alright

Wieder ein funkiger Song, doch dieses Mal sicherlich einer von der Sorte, den auch James Brown hätte konstruieren können – bis hin zum Zwischenteil: *If it's all night, got to be alright* –, wenn Brown ein vollgekiffter „Natty Dread" gewesen wäre. Bob nahm den Song noch einmal für sein Album *Rastaman Vibration* (1976) in Angriff, dann unter dem Titel *Night Shift*.

No Sympathy

Tosh

Tosh singt zu einem tiefen, erdigen Rhythmus-Track mit gedämpfter Gitarre und skizziert seine Probleme und seine Sehnsucht nach aufrichtiger Liebe. Ein außerordentlich pessimistischer und hypnotischer Track, in England auch als 45er-Bootleg erschienen. Tosh nahm für seine Solo-Debüt-LP *Legalize It* (1976) eine recht ordentliche neue Version des Titels auf.

My Cup

Marley klagt darüber, dass er den besten Freund verlor, den er jemals hatte. Mit einem überstrapazierten Echogerät und einem für Upsetter typisch treibenden Rhythmus-Track klingt das Ganze aber trotzdem ein wenig leer. Die Tasse, auf die er sich bezieht, ist eine Tasse voller Tränen, und dieser Song klingt sehr verdächtig nach einer Demo-Aufnahme trotz Marleys „Nichts-wie-ran"-Attacke auf bestimmte Tonhöhen, die leicht außerhalb seiner Reichweite zu sein scheinen. Auch als Single beim britischen Upsetter-Label veröffentlicht (US340, 1970); der Rhythmus-Track kam unter dem Titel *Version Of Cup* heraus (US342).

Soul Almighty

Die Wailers, doch vorwiegend Bob, machen mit einem leichtgewichtigen Song den „Funky Chicken" und den „Mashed Potato" (Partytänze der 60er, Anm. d. Übers.), bei dem es um ihr Besitzrecht am Rhythmus geht. Hier wird der amerikanischen Soulmusik so viel verdankt, dass es schon an ein Wunder grenzt, dass Rufus Thomas nicht eine gerichtliche Verfügung erwirkte und sich seinen Stil rechtlich schützen ließ – oder es zumindest versuchte.

Rebel's Hop

Marley, Whitfield-Strong

In den Jahren 1970 und 1971 schwappte kurzfristig eine Medley-Welle durch die Reggae-Musik und viele Künstler haben sich daran versucht. Die Wailers machten zwei Medleys; dieser Titel hier ist das erste und *All In One* auf *African Herbsman* ist das zweite. Im vorliegenden wurde *Rude Boy* (aus dem Album *The Wailing Wailers*) mit einer Version des Temptations-Songs *Cloud Nine* gekoppelt, den die Wailers – vielleicht, vielleicht aber auch nicht – für Lee Perry eingespielt haben sollen (auf *Best Of The Upsetters Volume 2*, mit ungenannten Sängern, Jet Star UK). Eine etwas sinnlose Angelegenheit, doch Bunnys Gesang auf *Cloud Nine* klingt wundervoll sanft.

Corner Stone

Jamaika wird in der Umgangssprache manchmal mit einem Bibelzitat (Psalm 118) als „Der Stein, den die Bauleute verworfen haben ..." bezeichnet, und Marley weitet diese Metapher auch auf

Beziehungen aus, indem er erklärt, dieser Stein mag zwar abgewiesen worden sein, doch er kann trotzdem der Eckpfeiler zum Glück eines anderen werden. Ein warmer, gefälliger Track, der mit sanften Gesangssätzen komplett wird.

400 Years
Tosh

Tosh wendet sich hier der psychischen Sklaverei zu: Nach 400 Jahren kommt für die schwarze Bevölkerung endlich die Zeit, aufzustehen. Kein Angriff auf die weißen Unterdrücker, wie oft vermutet wird, sondern vielmehr ein Appell an die Unterdrückten. Tosh klingt hier angemessen wütend. Der Song wurde ein paar Jahre später für *Catch A Fire* noch einmal neu aufgenommen.

No Water

Unterstützt von aufsteigenden surrenden Tremolos von Bunny und Peter hat Bob einen Durst, der nur von einer Krankenschwester gestillt werden kann. Dem Text zufolge muss es allerdings eine feuchte Krankenschwester sein. Ein kleines Meisterstück, in dem Bob direkt auf den Punkt kommt und dessen Arrangement einfach wunderbar ist.

Reaction

Ein weiterer leichter und stilfreier Song, der textlich betrachtet die Vorlage für *Don't Rock My Boat* (auch bekannt unter dem Titel *Satisfy My Soul*) bildete, den Marley im darauffolgenden Jahr aufnahm. Wieder einmal spricht Bob über die Seele, mit einer Provokation in der Stimme – und auch im Groove –, die einige nette Momente während der Session vermuten lässt.

My Sympathy

Obgleich der Titel den Zuhörer dazu verführt zu glauben, dies sei eine Version des Songs *No Sympathy*, ist er doch in Wahrheit eine instrumentale Fassung von *400 Years*.

Bob Marley & The Wailers: Soul Rebels

(Trojan TJCCD 053, 2002)

Zusätzliche Tracks: *Dreamland, Dreamland Version* – The Upsetters, *Dracula (Mr Brown)* – The Upsetters, *Soul Rebel Version Four* – The Upsetters, *Version Of Cup* – The Upsetters, *Zig Zag (Duppy Conqueror)* – The Upsetters, *Jah Is Mighty, Brand New Second Hand, Brand New Second Hand Version* – The Upsetters, *Downpresser*.

Im Jahr 2002 mit neuem Cover und Zusatztracks neuveröffentlicht, wobei man zwar die ursprüngliche Cover-Gestaltung beibehalten, aber mit interessanten und informativen Kommentaren der Upsetter-Autorität David Katz bereichert hat.

Bob Marley & The Wailers: Soul Revolution

(Upsetter Jamaika TTL65A/TTL65B; Maroon Jamaika LOPTTL65B/TI65A, in den USA auch bei Black Heart erschienen. Datum wie unten angegeben).

Nachdem sie ganz ungezwungen durch ihr erstes für Lee Perry produziertes Album segeln konnten, ist das zweite Set alles in allem eine organisiertere Angelegenheit mit einigen Songs, die später tatsächlich zu Welthits wurden. Die gehaltvollen Themen geraten hier ein wenig mehr in den Hintergrund und werden von etwas raueren, eher an Jamaika orientierten Einstellungen ersetzt. Erschienen 1971 … vielleicht (vgl. den nächsten Eintrag).

Produziert von Lee Perry. Komponist: Vornehmlich Bob Marley, obgleich die Plattenhülle des Albums *African Herbsman*, das ebenfalls viele der hier zu hörenden Tracks beinhaltet, fast alle Songs Lee Perry zuschreibt. Die vermutlich korrekten Urheber, abgesehen von Marley, sind in Klammern angeführt.

Keep On Moving
Mayfield

Nicht, wie viele glauben, eine Marley-Komposition und ganz sicher auch nicht von Perry geschrieben, wie *African Herbsman* suggeriert, sondern ein Song von Curtis Mayfield und zum ersten Mal von den Impressions (auf deren Album *The Never Ending Impressions*, 1965) gecovert. Doch als sich Bob, Bunny und Peter je eine Strophe vornahmen (Bunnys Abschlussvers ist zum Teil wirklich fantastisch), mussten sich die Impressions demgegenüber vermutlich geschlagen geben. Eine vokale Meisterleistung und wohl einer der Gründe, warum Bob den Song *I Shot The Sheriff* schrieb: Das Thema der Geschichte ist bemerkenswert ähnlich. *Keep On Moving* hatte auch Einfluss auf *Rude Boy* (*The Wailing Wailers*). Es gibt von dieser Version noch eine alternative Fassung auf dem Album *The Upsetters Record Shop Part II*. Später setzte Perry Big Youth auf den Backing-Track zu *Moving (Version)* (Upsetter UK US 393, JA Justice League 7"-Singles, 1972). Der Produzent nahm im Jahr 1977 die originale Gesangsversion, fügte ein kreischendes Saxofon und einen DJ namens Wong Chu ein und baute für eine jamaikanische Upsetter-12"-Single bis zum Äußersten Overdubs ein. Bob coverte den Titel 1977 für das Album *Songs Of Freedom* noch einmal mit neuem Text, der in dieser Form auch 1984 als Rückseite der EP *One Love* auftauchte. Und schließlich brachte auch Bunny den Track auf seinem Album *Sings The Wailers* (1980) unter.

Don't Rock My Boat

Dies ist der Song, mit dem Marley später unter dem Titel *Satisfy My Soul* vom *Kaya*-Album (1978) einen Hit hatte, hier in seiner originalen, minimal Skank-angehauchten Version, komplett ohne die gewohnten untermalenden Gesangssätze. Ein perfekter, stiller und in sich geschlossener Track. Auf einigen leicht voneinander verschiedenen Singles auch als *Rock My Boat* bekannt (JA Tuff Gong-Single, 1971, mit anderem Gesang) und als DJ-Version von Johnny Lover auf der B-Seite von *I Like It Like This* (Supreme UK-Single, 1971, erneut anderer Gesang). Die erste Version war *Don't Rock The Boat* auf einer 45er-Single des Wail 'N Soul 'M-Labels um 1968.

Put It On

Eine weitere Version des Songs, den sie bereits 1966 aufgenommen hatten (auf *The Wailing Wailers*). Diese Fassung hier reduziert die Musik auf ein hypnotisches Minimum im Hintergrund und stellt die Vocals und fast den gesamten Background-Gesang mit Ausnahme von Bobs sehr seltenen Einwürfen ganz weit nach vorn. Später erschien der Song noch einmal auf *Burnin'* (1973).

Fussing And Fighting

Ein Wunsch nach vollendeter Harmonie in den süßesten Tönen. Glen Adams' Orgel füllt den Song und im Vordergrund agiert Bob überaus lebhaft. Ein Stück, das noch eine weitere Version verdient hätte, die jedoch nicht zustande kam.

Duppy Conqueror (V/4)

„V/4" deswegen, weil es die vierte Version des Titels ist, ein echter Marley-Klassiker, auch wenn man das anhand dieses zum größten Teil instrumentalen Mixes nicht erkennen würde. Siehe: *African Herbsman*.

Memphis

Tosh?

Etwa zu der Zeit, als sie mit Lee Perry gearbeitet haben, nahm Peter Tosh mit einer Orgel oder einer Melodika auch mehrere Instrumental-Stücke für unterschiedliche Produzenten auf (*Selassie Serenade, The Return Of Al Capone, Sun Valley*). Doch obwohl *Memphis* als Melodika-Instrumental auf diesem hauptsächlich gesangsorientierten Album ein wenig fehl am Platz zu sein scheint, war es für Tosh nur ein konsequenter Schritt in Richtung seiner eigenen damaligen Karriere. Augustus Pablo formte daraus später eines seiner Kunstwerke. Auf diesem Album ist es leichte, angenehme Unterhaltung.

Riding High
Livingston

Bunny singt zu *Riding High* die in diesen Zeiten schon schmerzlich vermisste Hauptstimme. Er verliebt sich in ein Mädchen, ist aber geduldig genug so lange zu warten, bis sie von selbst auf ihn zugeht; eine herrlich simple und unscheinbare Ode an eine zunächst unerwiderte Liebe. Bunny nahm den Song später noch einmal sowohl als Single unter dem Titel *Riding* (Solomonic, 1981) als auch für das Album *Hook, Line & Sinker* (Solomonic LP, 1982) auf.

Kaya

Die Hymne an die bestimmten Kräuter, die später zum Titel-Track einer Marley-LP des Jahres 1978 wurde, erscheint als unaufdringlicher und cooler, bekifft klingender Song auf diesem Album zum ersten Mal. Das Flüstern hier und da deutet an, dass sicherlich etwas Illegales im Spiel ist und die himmlischen Gesangssätze unterstreichen dies noch. In England auch als Single unter dem Titel *Kayah* erschienen (US356, 1971) sowie auf einer jamaikanischen 45er-Upsetter-Single. Die amerikanische Ausgabe der Upsetter-Single ist harmonisch anders. Bob nutzte im Jahr 1974 die Backing-Tracks noch für den Song *Turn Me Loose* (LPs *In The Beginning* und *Very Best Of The Early Years*).

African Herbman
Havens

Korrekter Titel: *African Herbsman*. Der Song von Richie Havens bekommt in den Augen eines Jamaikaners einen leicht abgewandelten Sinn: „Herbman" bedeutet Marihuana und weist im Zusammenhang mit der anderen Hälfte des Titels auf Rasta hin. Der Song mit seiner Bezugnahme auf die Sklaverei und seiner Mahnung zur Ruhe und zur „Alles zu seiner Zeit"-Philosophie hätte fast für Bob geschrieben worden sein können, da derartige Aussagen sehr oft in seinen Kompositionen zu finden sind. Zwar wird dieser Titel nicht als Wailers-Klassiker gehandelt, doch er hätte es sicherlich verdient. Auch als Single bei Upsetter sowohl in Großbritannien (US392, 1972) als auch in Jamaika erschienen. Liefert außerdem den Titel zu einer Trojan-LP.

Stand Alone

Wieder ein sanfter, einfühlsamer Love-Song, bei dem es dieses Mal um traurige Erinnerungen geht, gesungen von Bob mit fantastischer Unterstützung von Bunny & Peter. Die Zeilen *Here you are crying again, but your loveliness won't cover your shame* bringen die persönliche Natur des Themas vollends auf den Punkt. Der Song bildete auch die B-Seite zu *African Herbman* [sic!] auf einer obskuren US-Single-Pressung des Black Heart- [sic! korrekt heißt es Black Art] Labels aus dem Jahr 1974. Ziggy Marley hat das Stück später auf dem Album *Joy And Blues* unter dem Titel *There She Goes* gecovert (Ghetto Youths United, Jamaika 1993). Ein Hinweis darauf, woher *Stand Alone* ursprünglich stammte: Textlich-thematisch ist es eindeutig verwandt mit einem 1965er Ska-Song der Wailers, der den Titel *There She Goes* trug (zu finden auf *One Love*). Marley verschwendete im Lauf seiner Karriere eben nur sehr wenig brauchbares Material.

Sun Is Shining

Eine merkwürdige Aufnahme, vielleicht eher auf dem Album *Soul Rebels* zu erwarten als in diesem Zusammenhang. Da der Text keinen einleuchtenden Sinn ergibt, könnte man vermuten, dass es sich hierbei um ein gewisses Maß an Improvisation handelt. Man hätte sowohl für den Titel als auch für die ersten Zeilen keine weniger sonnige Melodie finden können als diese. Bob bearbeitete den Song noch einmal für die LP *Kaya*. Er erschien außerdem als britische Single in seiner Originalform mit dem Titel *To The Rescue* (Escort, 1970). DJ Johnny Lover veröffentlichte um 1971 seine Tuff Gong 7"-Version *Sun Is Shining*. Es geht zwar das Gerücht um, diese Version sei Jah Talla zugeschrieben, aber dafür gibt es nur sehr wenig Anhaltspunkte.

Brain Washing
Livingston?

Bunny versucht in diesem Song mit dem Unfug zurechtzukommen, der einem als Kind nahegebracht wird und räumt mit den Kinderliedern und Märchengeschichten auf. Selbst wenn das Thema in jeder Kultur wichtig ist, so hat es doch für einen an mentale Sklaverei glaubenden Rasta eine weitaus größere Bedeutung. Mit Ausnahme der Fassung auf dem folgenden Album war dies hier die einzige Version des Titels.

Bob Marley & The Wailers: Soul Revolution II

(Jamaican Upsetter TTL65/66A/B, Trojan UK 2 White Labels TTL65A/B; 66A/B)

Rund um dieses Album herrscht unter den Marley-Historikern eine gewisse Konfusion. Es besteht also Klärungsbedarf.

Die Legende: Um aus dem jamaikanischen Erfolg von *Soul Revolution* Kapital zu schlagen, veröffentlichte Produzent Lee Perry 1971 eine Dub-Version des Albums mit dem Titel *Soul Revolution II*. Dies sind allerdings keine Dubs, wie wir sie kennen; es handelt sich dabei lediglich um die Instrumental-Tracks, die jedoch durchaus als Dubs durchgehen könnten, da sie ziemlich stark reduziert und mit einem enormen Bass versehen wurden. Perry hatte eine stattliche Anzahl Plattenhüllen drucken lassen, und als die begrenzte Auflage des Dub-Albums ausverkauft war (es wurden vielleicht 250 Stück davon gepresst), begann er damit, die Vocal-Aufnahmen in die Cover der Dubs zu stecken, die sich nur in der Farbe (blau) vom Original (türkis) unterschieden und die statt mit den ursprünglichen Schwarzweiß-Fotos nun mit Farbfotos ausgestattet waren.

Doch diese Geschichte ist möglicherweise falsch. Eine ebenso plausible Erklärung lautet wie folgt: Perry stellte mit den Wailers-Tracks die LP *Soul Rebels* zusammen. Trojan brachte sie 1970 in England auf den Markt, lieferte Perry anschließend die Bänder, der diese daraufhin mit einer Kopie des britischen Covers und derselben Trojan-Katalognummer über sein eigenes Upsetter-Label veröffentlichte (wohl wahr). Die Platte verkaufte sich allerdings äußerst schleppend. Perry, der darüber frustriert war, dass sein Album, von dem er glaubte, es sei bis dahin sein komplettestes, in der Öffentlichkeit kaum Anerkennung fand, veröffentlichte 1971 *keine* weitere LP mit den Wailers-Tracks, die sich noch in seiner Schublade befanden. Stattdessen beschäftigte er sich nun mit unzähligen anderen Projekten. Ein paar Wailers-Tracks aus Perrys Fundus fanden zwischen 1971 und 1972 noch ihren Platz auf verschiedenen Trojan-Singles.

Dann unterschrieb Marley 1973 bei Island Records und erregte sofort eine noch nie da gewesene Aufmerksamkeit. Also brachte Trojan die LP *African Herbsman* heraus, die vorwiegend aus Perry-Produktionen bestand. Als Perry davon Wind bekam, veröffentlichte er über sein Maroon-Label wiederum das Album *Soul Revolution.* Doch das Cover – blau und mit Farbfotos – ist *Soul Revolution II* benannt. Mit einiger verworrener Logik erklärte Perry, dass *Soul Rebels* trotz des anderen Titels tatsächlich *Soul Revolution Part I* sei.

Um 1973 beginnt die Dub-Manie auszubrechen und Perry wird klar, dass er mit einer Bob Marley-Dub-LP eine schnelle Mark machen kann. Also veröffentlicht er kurzerhand eine *Soul Revolution II*-Version ohne Gesang. (Wäre die Platte nur einige Zeit später erschienen, hätte Perry daraus sicher eine „saubere" Dub-LP mit einem Remix gemacht, so wie er es schon bald mit anderem Material tat.) Perry presste die Platten über sein Upsetter-Label allerdings nicht 1971 – mit dem Schriftzug senkrecht nach unten –, sondern um 1973 mit dem Schriftzug waagerecht oben. Und auf dem Label steht *Soul Revolution II,* The Upsetters zugeschrieben und *nicht* Bob Marley & The Wailers. Kurz gesagt: Sie hat wahrscheinlich daher denselben Namen wie die Vocal-LP erhalten, weil Perry so tat, als sei sie von einem anderen Künstler – nämlich von ihm selbst. Lustigerweise lieferte sie ausgerechnet auch noch Tuff Gong aus.

Warum nun die ganze Konfusion um die Plattenhüllen? Warum ist keine Upsetter-Version des *Soul Revolution II*-Covers aufgetaucht, um die These zu bekräftigen? Weil Perrys Dub-Alben *Rhythm Shower, Blackboard Jungle* und *Cloak & Dagger* (Originalversionen) *niemals* in einem Cover erschienen sind. Die Verwirrung mit den Plattenhüllen und den Farben der Original-Pressung stammt einzig und allein vom amerikanischen Black Heart-Label, das eine billige, einfarbige Reproduktion der jamaikanischen Version des Covers von *Soul Revolution II* für die Aufnahmen mit Gesang anfertigte, so dass viele glaubten, diese Hülle sei die original jamaikanische. Doch Tatsache ist, dass das Original in türkis gehalten und mit vollfarbigen Fotos versehen war. Eine weitere Bestätigung entstammt den Bildern des Covers, die die Wailers mit Waffen in den Händen zeigen. Da die Fotos bereits ein paar Jahre alt und die Wailers mittlerweile ihrem Rude Boy-Image entwachsen waren, beschwerten sie sich massiv bei Perry über dessen Fotoauswahl: Es könnte ihr neues Hippie- und Kollektiv-Image zerstören, das Island mittlerweile propagierte.

Um die Verwirrung noch weiter zu schüren dachte Perry außerdem noch darüber nach, zwei Alben im Trojan-Stil herauszubringen, wobei jeweils eine Seite mit Gesangstracks und die andere mit Instrumental-Titeln gefüllt werden sollte. Man sagt, diese Alben hätten *Soul Revolution Rhythm Part III* und *...Part IV* heißen sollen. Die verschiedenen Labels dafür mögen vielleicht existiert haben, obgleich letztendlich nur Trojan die besagten Alben in eben diesem Format gepresst hat. Heute sind sie unglaublich schwer zu bekommen, doch sie waren damals bis zum folgenden Eintrag der einfachste Weg, die Instrumental-LP zu ergattern. Die Katalog-Nummer TTL65/66 lässt als Erscheinungsdatum circa 1973 vermuten.

Trackliste: wie der vorherige Eintrag, nur ohne Gesang.

Bob Marley & The Wailers: Soul Revolution I and II

(Trojan-Doppel-LP TRLD 406, 1988)

Das Vocal-Album *Soul Revolution* gemeinsam mit seinem instrumentalen Gegenstück einschließlich vier Bonus-Tracks.

Die Titel *Soul Rebel* (wie auf der LP *Soul Rebels*) und *Mr Brown* (er gilt als die erste Wailers/Perry-Kollaboration der Ära, ein seltsamer, donnernder Song über einen Mann in einem Sarg, der der Tageszeitung „Gleaner“ zufolge halb Kingston in Angst und Schrecken versetzte) sind außerdem auf diversen jamaikanischen

45er-Upsetter-Pressungen, bei Upsetter (UK) und bei Trojan als Singles erschienen; und ihre „Dub"-Versionen heißen *Soul Rebel Version 4* und *Dracula*.

Die instrumentale Hälfte des Albums, also *Soul Revolution II*, ist zusätzlich auch als Teil des Trojan-Box-Sets *The Early Years 1969-73* zu haben.

Bob Marley & The Wailers: African Herbsman

(Trojan TRL 62, 1973; CDTRL 62, 1988)

Dies ist das *Soul Revolution*-Album plus nachfolgend aufgeführte Tracks. Auch dieses Album ist Teil des Trojan-Box-Sets *The Early Years 1969-73*.

Lively Up Yourself

Bobs selbst produzierter Aufrührer-Song erschien später noch einmal auf den LPs *Natty Dread* und *Live!*. Dieser Prototyp des Jahres 1971 – eine Tuff Gong-Produktion – spricht mit den großartigen Bläsersätzen von Tommy McCook durchaus für sich selbst. Als Single auch bei Trojan (UK) und bei Tuff Gong in Jamaika (1971) erschienen, wobei die letztere unter dem Titel *Live* Tommy McCook zugeschrieben wurde.

Small Axe

Der klassische Angriff – mit Bläsern – auf die „big t'ree"-Produzenten (die „Großen Drei") in Jamaika, sowie auf alle Unterdrücker in der ganzen Welt. Auch in Großbritannien (US 357, 1971), als 45er bei Upsetter Jamaika und auf der LP *The Very Best Of The Early Years 1968-74*, erschienen. Eine spätere Version kam noch auf das Album *Burnin'*. Außerdem veröffentlichte man noch eine weitere von Perry produzierte Fassung, die langsamer und ohne Bläser unter dem Titel *More Axe* auf den Alben *The Best Of Bob Marley & The Wailers* und *The Very Best Of The Early Years 1968-74* zu finden ist.

Duppy Conqueror

Bobs Versprechen, all jene zugrunde zu richten, die ihm Angst einjagen wollen – „Duppy" darf dabei als Geist verstanden werden. Nicht der einzige Reggae-Song damals zu diesem Thema: Prince Busters *Bull Buck (and Duppy Conqueror)* war die entscheidende Nasenlänge voraus. Dieser Song hier ist jedoch das definitive Statement zum Thema. (Die Instrumental-Version auf den *Soul Revolution/Soul Revolution II*-LPs wurde später für *Catch A Fire* neu bearbeitet. Auch als Singles beim britischen [US 348] und beim jamaikanischen Upsetter-Label erschienen und seltsamerweise auch auf der Trojan-LP *Rasta Revolution* zu finden.) Produziert von Lee Perry.

Trenchtown Rock

Marley

Wieder ein guter, aufwühlender Song von Bob. Bei Tuff Gong (Jamaika) und Green Door (UK) unter *Trenchtown Rock* als Single erschienen, beide mit einer Instrumental-Version auf der B-Seite. Später außerdem noch auf dem *Live!*-Album untergebracht. Diese Version ist ebenso bewegend wie jede andere. Marley arbeitete für eine DJ-Fassung namens *Kingston 12 Shuffle* im originalen Backing mit U Roy zusammen. Eine Tuff Gong-Produktion.

All In One

Ein Medley aus *Bend Down Low, Nice Time, One Love, Simmer Down, It Hurts To Be Alone, Lonesome Feeling, Love And Affection, Put It On* und *Duppy Conqueror*. Bunnys und Peters Gesangssätze auf *It Hurts To Be Alone* rühren wirklich zu Tränen. Beim britischen (US 357) und jamaikanischen Upsetter-Label auch als 7"-Version erschienen. Das andere Wailers-Medley trägt den Titel *Rebel's Hop* (auf den LPs *Soul Rebels* und *Rasta Revolution*).

Bob Marley & The Wailers: Rasta Revolution

(Trojan TRL 89, 1974; CDTRL 89, 1988)

Das *Soul Rebels*-Album mit veränderter Reihenfolge der Tracks, allerdings ohne *My Sympathy*, dafür mit zwei zusätzlichen Titeln: *Mr Brown* (siehe: *Soul Revolution 1 & 2*) und *Duppy Conqueror* (siehe vorhergehenden Eintrag). Cover-Kommentare von Lisa McAvoy. Dieses Album bildet außerdem einen Teil der Trojan-LP *The Early Years 1969-73*.

Bob Marley & The Wailers: The Complete Upsetter Collection

(Trojan TBOXCD 013, 2000)

Beinhaltet sämtliche bekannten Gesangs-, Instrumental- und DJ-Versionen der Upsetter-Aufnahmen.

Disk 1: *Soul Rebel, Soul Rebel Version Four* – The Upsetters, *Soul Rebel Alternate, Soul Rebel Dub* – The Upsetters, *Run For Cover, Try Me, Try Me Version* – The Upsetters, *It's Alright, It's Alright Version* – The Upsetters, *It's Alright Alternate, No Sympathy, No Sympathy Version* – The Upsetters, *My Cup, Version Of Cup* – The Upsetters, *Rebel's Hop, Rebel's Hop Version* – The Upsetters, *Corner Stone, Corner Stone Version* – The Upsetters, *Jah Is Mighty*.

Disk 2: *Four Hundred Years, Four Hundred Years Version* – The Upsetters, *No Water, No Water Version* – The Upsetters, *Reaction, Reaction Version* – The Upsetters, *Soul Almighty, Soul Almighty Version* – The Upsetters, *Shocks Of Mighty Part One with Lee Perry, Shocks Of Mighty Part Two, Shocks Of Mighty Version* – The Upsetters, *True Love* – Carl Dawkins and Bob Marley & The Wailers, *Cloud Nine* – Carl Dawkins and Bob Marley & The Wailers, *Don't Let The Sun Catch You Crying* – Dave Barker and Bob Marley & The Wailers, *Don't Let The Sun Catch You Crying Version* – The Upsetters, *Duppy Conqueror,*

Duppy Conqueror Version Four – The Upsetters, *Upsetting Station* – Dave Barker & The Upsetters, *Duppy Conqueror Alternate.*

Disk 3: *Mr Brown, Mr Brown Version (Dracula)* – The Upsetters, *Small Axe, More Axe, Battle Axe* – The Upsetters, *Shocks '71* – Dave Barker, Charlie Ace & The Upsetters, *More More Axe, The Axe Man* – The Upsetters, *Picture On The Wall* – Carl Dawkins and Bob Marley & The Wailers, *Picture On The Wall Version Three* – The Upsetters, *Dreamland, Dreamland Instrumental* – Winston Wright & The Upsetters, *Dreamland* – U Roy & The Upsetters, *Dreamland Version Two, All In One, All In One Part Two, Copasetic* – The Upsetters, *Downpresser, Downpresser Version* – The Upsetters.

Disk 4: *Long Long Winter, Long Long Winter Version* – The Upsetters, *Love Light, Love Light Version* – The Upsetters, *Love Light Alternate, Send Me That Love, What A Confusion* – Dave Barker & Bunny Wailer, *Man To Man, Man To Man Version* – The Upsetters, *Keep On Moving, Keep On Moving Version* – The Upsetters, *Moving Version* – Big Youth & The Upsetters, *Keep On Moving Alternate, Don't Rock My Boat, Don't Rock My Boat Version* – The Upsetters, *Don't Rock My Boat Alternate, I Like It Like This* – Johnny Lover, *Don't Rock My Boat Alternate.*

Disk 5: *Put It On, Put It On Version* – The Upsetters, *Fussing And Fighting, Fussing And Fighting Version* – The Upsetters, *Memphis* – Peter Tosh & The Upsetters, *Memphis Version* – The Upsetters, *Riding High, Riding High Version* – The Upsetters, *Kaya, Kaya Version* – The Upsetters, *Turn Me Loose, African Herbsman, African Herbsman Version* – The Upsetters, *Stand Alone, Stand Alone Version* – The Upsetters, *Sun Is Shining, Sun Is Shining Version* – The Upsetters.

Disk 6: *Brain Washing, Brain Washing Version* – The Upsetters, *Brand New Second Hand, Brand New Second Hand Version* – The Upsetters, *Brand New Second Hand Alternate, Concrete Jungle*, Concrete Jungle Version* – Wailers All Star Band*, *Rainbow Country, Rainbow Country Version* – The Upsetters, *Satisfy My Soul Babe*, Satisfy My Soul Babe Version* – Wailers All Star Band*, *Keep On Skanking, Na-*

tural Mystic, Natural Mystic Version – The Upsetters, *I Know A Place, I Know A Place Version* – The Upsetters, *Who Colt The Game, Who Colt The Game Version* – The Upsetters.

* Tuff Gong-Produktionen

Ein umfassendes Set aus sechs CDs, das sämtliche bekannten Upsetter-Tracks (sowie einige Tuff Gong-Nummern) vereint, mit alternativen Aufnahmen, direkt von den Master-Bändern, die sich wesentlich von den allseits bekannten Titeln unterscheiden und für die sich nicht nur Reggae-Verrückte interessieren. Es ist wahrlich traurig, dass viel Upsetter-Material von Bob Marley & The Wailers im Lauf der vergangenen zwei Jahrzehnte einen Werteverfall erleben musste, da aufgrund der anscheinend unaufhörlichen Lizenz- und Sublizenz-Vergaben unzählige billige Sampler auf den Markt geworfen worden sind. Eine Veröffentlichung wie diese hier hilft dabei, den wahren Wert der Musik – der unbezahlbar ist – wiederherzustellen. Laurence Cane-Honeysetts kompetente Cover-Kommentare vervollständigen die CD-Box.

Bob Marley & The Wailers: The Rarities Volume One

(Jamaican Gold CD JMC 200.229, 1996)

Shocks Of Mighty, Shocks Of Mighty Version, All In One, One In All, Copasetic – The Upsetters, *More Axe, Axe Man* – The Upsetters, *Duppy Conqueror, Zig Zag* – The Upsetters, *Run For Cover, Picture On The Wall Version Three* – Carl „Rass“ Dawkins, *Picture On The Wall Version Four* – The Upsetters, *Man To Man, Nicoteen* – The Upsetters, *Rock My Boat, I Like It Like This* – Johnny Lover.

Bob Marley & The Wailers: The Rarities Volume Two

(Jamaican Gold CD JMC 200.230, 1996)

Dreamland, Dreamland Version Two – The Upsetters, *Jah Is Mighty, Turn Me Loose, Second Hand, Second Hand Part Two* – The

Upsetters, *Brand New Second Hand, Love Light, Keep On Moving, Keep On Skanking, Mr Brown, Mr Brown Version* – The Upsetters, *Send Me That Love.*

Ein weiterer durchaus gelungener Versuch, eine gewisse Ordnung in den Upsetter-Katalog der Wailers zu bringen. Einschließlich der Wailers-Gesangssätze zu Carl „Rass" Dawkins' Version von *Picture On The Wall,* Johnny Lovers DJ-Mix von *Don't Rock My Boat* sowie dem Gänsehaut erzeugenden Doo-Wop *Send Me That Love.*

Bob Marley & The Wailers: Rebel Revolution

(Jamaican Gold Doppel-CD JMC 200.277, 1996)

Disk 1: *Small Axe, My Cup, Keep On Moving, Try Me, Don't Rock My Boat, 400 Years, Put It On, Cornerstone, Fussing And Fighting, No Water, Duppy Conqueror, Reaction, Memphis.*

Disk 2: *Soul Almighty, It's Alright, Riding High, Soul Rebel, Kaya, African Herbsman, Satisfy My Soul, Stand Alone, Rebel's Hop, Sun Is Shining, Love Light, Brain Washing, Mr Brown, Long Long Winter.*

Spätere Remixe sind nicht alle so erfolgreich wie dieses spezielle Projekt. Eine simple Idee – man leitet die originalen Upsetter-Gesangstracks in ihre jeweiligen instrumentalen Gegenstücke über, um daraus Disko-Mix-ähnliche Versionen (12") im Stil der 70er zu gestalten. Eine zufriedenstellende und interessante Veröffentlichung.

Island/Tuff Gong-Produktionen

The Wailers: Catch A Fire

(Island ILPS 9241, 4. Mai 1973, neu erschienen unter Mango ILPM 9241, 30. März 1987, Tuff Gong TGLLP 1/CD TGLCD 1, 26. November 1990)

Als die Beziehung der Wailers zu Lee Perry langsam aber sicher zu Ende ging, arbeitete Marley eine Zeit lang an diversen Singles für sein eigenes Label Tuff Gong. Dann irgendwann im Jahr 1972 entdeckte Chris Blackwell, der anglojamaikanische Gründer von Island Records, Marley und bot ihm mündlich einen Vertrag an. Einige Experten behaupten, Blackwell habe ursprünglich Toots & The Maytals unter Vertrag nehmen wollen, sich aber dann doch für Marley entschieden, was allerdings sehr unwahrscheinlich ist, da Blackwell bereits zuvor mit Toots gearbeitet hatte und ihm daher alle Möglichkeiten offen standen, jeden ihm passenden Vertrag auszuhandeln.

Blackwell gab den Wailers £ 4.000, um dieses Album zu produzieren. Hierbei wurden sie von der Rhythmusgruppe der Upsetters verstärkt, namentlich Carlie und „Family Man" Barrett, die sich ebenfalls fast komplett von Perry gelöst hatten, obgleich sowohl Bob als auch die Barretts im Lauf ihrer gesamten Karriere immer wieder mal mit Perry zusammenarbeiteten: Nichts in der jamaikanischen Musik ist unumstößlich. Dieses Projekt zwang Island außerdem zu einigen Zahlungen an CBS und an Danny Sims, der ebenfalls an mehreren Marley-LPs bei Island beteiligt war. Obwohl niemand in Jamaika damit rechnete, dass Blackwell jemals etwas von seinem Geld oder von Marley und Co. wiedersehen würde, so war sein Vertrauen letztendlich doch berechtigt, und im Jahr 1973 veröffentlichten die Wailers – nun als komplette Band – das Album *Catch A Fire.*

Blackwell vermarktete die Wailers klugerweise auf dieselbe Art, mit der er für einige Rock-Künstler des Island-Labels, wie beispielsweise Traffic, Cat Stevens und Fairport Convention bereits ansehnlichen Erfolg verbucht hatte. Er präsentierte sie als Alternative zum

Mainstream-Rock, und ihr Rebellen-Image und Bobs wachsende Dreadlocks, in Anlehnung an die weißen Rock-Hippies derselben Ära, halfen dabei kräftig mit. Die Kritiken zu *Catch A Fire* reichten von verhalten positiv bis hin zu ekstatisch und kamen von einer britischen Musikpresse, die für gewöhnlich den Reggae als Kompetenzbereich der Skinheads abtat (Reggae-Singles konnten bis dato stets in Londons Second-Hand-Läden zu Schleuderpreisen erworben werden). Plötzlich war Bobs Name selbst unter Studenten absolut angesagt.

Die Marketing-Strategie des Island-Labels war für ihre Rock-Acts stets sehr effektiv, und witzigerweise sollte nun das gleiche Konzept aus einem Sänger eine Legende machen, der in seinem Heimatland schon seit zehn Jahren berühmt war und den kaum ein weißer Fan vor 1973 zu Gehör bekommen hatte. Blackwells Firma hatte allerdings auch schon vorher einmal versucht, den Reggae mit Jimmy Cliff populär zu machen, der zur Zeit von *The Harder They Come* (1972) fast zum Mega-Star avanciert wäre und in Großbritannien mit einigen Riesenhits glänzen konnte (*Wonderful World, Beautiful People*, 1969; *Wild World*, geschrieben von Cat Stevens, 1970).

Dieses vorliegende Album wurde offiziell den Wailers zugeschrieben, was allgemein zur irrigen Annahme führte, Islands Drängen, Bob als Frontmann festzulegen, habe die Gruppe gespalten. In Wahrheit wurde Marleys Name oftmals lediglich allen voran genannt (ähnlich wie bei den Lee Perry-Produktionen) wie auch Peter Toshs Name (auf mehreren Singles). Die kurze Erklärung auf dem Cover weist Peters und Bunnys Namen in falscher Schreibweise auf (aus McIntosh wurde „Mackintosh" und aus Livingston wurde „Livingstone"). Es ist außerdem das einzige Reggae-Album, das als Einsteckhülle in Form eines Zippo-Feuerzeugs auf den Markt kam! (Die jamaikanische Ausgabe und auch die Nachpressungen kamen allerdings nicht in dieser Form in den Handel.) Aufgenommen wurde das Album in den Dynamic-, Harry J.-, Randy's- und Kingston-Studios, mit denen die Wailers schon vertraut waren. Abgemischt wurde in Islands eigenen Räumen in der Londoner Basing Street, wo auch die Overdubs hergestellt wurden, deren Produktionen Bob Marley und Chris Blackwell zugeschrieben wurden.

Catch A Fire war ursprünglich als kleine Auflage für das Island-Label Blue Mountain geplant und bekam sogar eine eigene Matrix-

Nummer, BML 2001, die auf dem Originalcover abgedruckt war und dann durchgestrichen wurde. Das lässt vermuten, dass man diesem Projekt zunächst weitaus weniger Erfolg zutraute, als es letztendlich erreichte, obgleich die einzige Blue Mountain-Auskopplung der Wailers *Baby Baby We've Got A Date* in der englischen Musikpresse sofort furiose Kritiken bekam, damals für eine Reggae-Single einzigartig. Etwa in dieser Zeit entwickelte Blackwell einen formlosen Plan für eine Reggae-Abteilung bei Blue Mountain Island, obwohl er diese Idee bald wieder fallen ließ, als er erkannte, dass die Wailers bei weißem Publikum überaus gut ankommen würden, wenn er sie genauso stark vermarktete wie eine Rock-Band. Es hat zwar eine ganze Weile gedauert, doch er lag damit unzweifelhaft vollkommen richtig.

Die erste jamaikanische Pressung mit der Katalog-Nummer 19329 FG enthielt dieselben Mixes wie die britische Version (Tuff Gong). Es wird gemeinhin stets angenommen, dass auf den jamaikanischen Pressungen von Marleys LPs andere Mixes zu finden seien. Dem ist aber nicht so, obwohl es manchmal so scheint, als sei der Sound im Laufe des Mastering-Prozesses im Gegensatz zum Original leicht verbessert worden: Das war aber eher ein gedämpfter als ein verschönernder Effekt.

Bandmitglieder: Marley, Tosh, Livingston, Aston Barrett (Bass), Carlton Barrett (Drums). Verschiedene Session-Musiker werden noch in den folgenden Details genannt. Weitere Mitwirkende bei den Aufnahmen: Earl „Wire" Lindo, Tyrone Downie (*Stir It Up*, *Concrete Jungle*), Winston Wright, Glen Adams (Keyboards), Alva Lewis (Gitarre), Willy San Francisco, Winston Wright, Chris Karen (Percussion); Rita Marley & Marcia Griffiths (Backing Vocals).

Alle Songs, wenn nicht anders genannt: Bob Marley.

Concrete Jungle

Gitarrensolos wie das von Roger McGuinn möbeln den Song richtig auf! Ein Beat, der sich einige Takte lang gar nicht erst als Reggae zu erkennen gibt. Wenn du den Reggae einem Rock-Publikum nahebringen willst, das nichts davon versteht, dann musst du es genau so machen. Obwohl der Mix für Reggae-Ohren an einigen Stellen entschieden zu fremd klingt, so ergibt er doch bald einen

Sinn. Und außerdem, verdammt, sind es die Wailers. Sie klingen weitaus besser produziert denn je, viel überzeugender und alles in allem plötzlich viel erwachsener. Beim Überfliegen der Musikerliste liest man bei Tosh nur den Zusatz „Gitarre" und nichts von Lead-Gitarre. Denn tatsächlich war es Wayne Perkins, ein amerikanischer Session-Musiker, der auf Bitten von Island die Licks einspielte.

Der andere nicht genannte Musiker war John „Rabbit" Bundrick, ehemaliges Mitglied der Gruppe Free und seit dem Tod Keith Moons im Jahr 1978 sowohl im Studio als auch auf der Bühne Wahl-Keyboarder der Band The Who. Bundrick spielte die Keyboards und war Mitglied in Johnny Nashs Band, als Marley in den frühen Siebzigern zum ersten Mal in Europa auftrat (siehe: *Acoustic Medley* auf *Songs Of Freedom* und *Chances Are*). Warum aber genau diese Leute damals nicht auf dem Cover genannt wurden, bleibt wohl das Geheimnis der Marketing-Abteilung, doch vielleicht dachten die Island-Mitarbeiter, es sei zu sehr verwirrend, sowohl einen Bunny als auch einen Rabbit in derselben Band zu haben! Die Meinungen der Wailers über dieses Thema sind unbekannt, doch Marley soll Perkins' Arbeit später noch seine Anerkennung erwiesen haben, indem er angeblich bei mindestens einem Overdub-Termin dabei war. Bei den jamaikanischen Sessions zu *Concrete Jungle* war „Family Man" Barrett nicht dabei, er wurde von einem jungen Musiker namens Robbie Shakespeare am Bass vertreten. Der Song stellt einen richtungsweisenden Moment für Marley dar: Kurz gesagt dreht es sich hierbei um die innere Einstellung eines klugen und gleichzeitig leidenden Menschen.

Der Song kam als Single bei Island heraus (WIP 6164, 1973), erschien auch auf *Songs Of Freedom* und später noch auf *Babylon By Bus*.

Slave Driver

Hier ist der Song, von dem der Album-Titel abgeleitet wurde: *Slave driver, catch a fire so you can get burned*. Die fantastischen Wailers-Gesangssätze, die die Fans inzwischen gewohnt sind, dominieren diesen Track und werden durch Toshs kratzende Gitarre enorm verstärkt. Bob erwähnte des öfteren, dass es ihm bei dem Knall der Peitsche jedes Mal kalt den Rücken herunterlief, da der Klang durch ein Handklatschen erzeugt werden musste und er es so oft wiederholte, dass seine Handflächen schmerzten. Ein absoluter Klassiker, der später von Dennis Brown (1977) auf vorzügliche Weise gecovert wurde.

Auch als Single bei Island (WIP 6167, 1973) und außerdem auf *Songs Of Freedom* und *Rebel Music* erschienen. Eine etwas andere Version verbirgt sich hinter *Talkin' Blues.*

400 Years
Tosh

Tosh hat hier einen Track des Albums *Soul Rebels* runderneuert. Das Tempo ist etwas langsamer und die Atmosphäre wirkt gelassener und abgeklärter, mit einem schwebenden Clavinet im Mittelteil wie eine verlorene Seele. Auf dem Original-Label wird dieser Song Marley zugeschrieben, obwohl auf dem Cover selbst Tosh genannt wird, was wohl eher der Wahrheit entspricht.

Stop That Train
Tosh

Tosh legt hier wieder einen alten Titel in verlangsamter, dem Gospel angenäherter Form neu auf, wobei es sich dieses Mal um eine Version eines Tracks der LP *The Best Of The Wailers* handelt. Die Orgel, laut Cover angeblich von Tosh eingespielt, klingt eher wie die Arbeit eines Session-Musikers und passt gut zu der kirchenähnlichen Atmosphäre.

Eine Instrumental-Aufnahme des Songs bildet die B-Seite der in England veröffentlichten Single *Baby Baby We've Got A Date* (1973), beide sowohl bei Blue Mountain als auch später bei Island erschienen. Desweiteren übernahm Tosh diesen Track für sein Album *Mama Africa* (1983).

Baby We've Got A Date (Rock It Baby)

Die erste Single der Wailers für Island, beim britischen Blue Mountain-Label als *Baby Baby We've Got A Date* (BM 1021) und bei Island in den USA mit neuem Vertrag unter dem Titel *Rock It Baby* erschienen (beide 1973); außerdem über Tuff Gong als *Rock It Babe* veröffentlicht. Wieder einmal mit einer sehr vordergründigen Slide-Gitarre von Wayne Perkins, und die nicht näher bezeichneten weiblichen Background-Stimmen (höchstwahrscheinlich von Marcia Griffiths und Rita Marley eingesungen) bieten die optimale Unterstützung für einen „Let's get together baby"-Song, den man aus ihrer Leslie Kong-Periode erwarten konnte.

Stir It Up

Wieder ein neu aufgelegter Track der Rocksteady-Zeit. Johnny Nash hatte damit bereits einen Hit (CBS, 1972), doch diese exakte saubere Version hier, auf der vermutlich mehrere Gitarren übereinander gemischt wurden, bietet eine Leichtigkeit, die Nash nicht erreichen konnte. Später noch erschienen auf der Live-LP *Babylon By Bus* und bei ihrer ersten Tour durch Großbritannien im Jahr 1973 immer einer ihrer liebsten Titel. Die nicht genannten Musiker bei diesem Track waren Ian & Roger Lewis (Bass und Gitarre, beide spielten später auch bei Inner Circle) und Sparrow Martin (Drums). Obwohl die Barrett-Brüder offizielle Bandmitglieder waren, variierten Bobs Begleitmusiker doch von Zeit zu Zeit.

Angesichts des kommerziellen Potentials dieses Songs ist es kaum zu glauben, dass er erst im Jahr 1976 als 45er-Single erschien und dann auch nur als B-Seite (WIP 6309 UK, IS 089 US).

Kinky Reggae

„Kinky" (eigentlich: wellig, irr, schrullig, auch abartig; Anm. d. Übers.) war in den Anfangsjahren der Siebziger in Jamaika so eine Art Schlagwort, das auf einigen Aufnahmen immer wieder auftauchte. Bob benutzt dieses Wort hier für den Ausdruck allgemeiner Erotik. Dieser Song, in dem sich Bob mit den unterschiedlichsten Themen befasst, dabei die Leute beschreibt, denen er begegnet und sich scheinbar nicht entscheiden kann, ob er in dem „kinky" Teil der Stadt leben möchte oder nicht, ist lyrisch betrachtet ebenfalls ein Vorläufer des Titels *Natty Dread*. Der *Right On*-Chorus war damals im Reggae absolut üblich.

Kinky Reggae war auch im Live-Set stets ein zentraler Punkt, und ein starker Live-Mitschnitt davon erschien später auf *Babylon By Bus* (1978), auf *Talkin' Blues* (1991) und als B-Seite der britischen Single-Ausgabe von *No Woman, No Cry* (1975), die aus den gleichen Shows stammte wie die Tracks des bahnbrechenden *Live!*-Albums. Dieser Song strahlt eine Unbefangenheit aus, die immer seltener zu finden ist, je berühmter Bob wurde.

No More Trouble

Bob, das Clavinet und wieder ungenannte weibliche Stimmen über einer Basslinie, die stark an Isaac Hayes' *Do Your Thing* erinnert, wehren sich hier gegen anstehende Probleme; wieder eine gern gespielte Reggae-Cover-Version. Carlie Barretts „One Drop"-Drum-Stil ist hier besonders überragend, ohne ihn aber wäre dieser leichte Song wohl der uninteressanteste auf diesem Album.

In den USA als 45er erschienen (Island 1215) und ebenfalls auf dem Album *Songs Of Freedom* zu finden. Ein Live-Mitschnitt, der in den Song *War* überleitet, taucht auf *Babylon By Bus* und *Rebel Music* auf.

Midnight Ravers

Ein ursprünglicher Titel als Abschluss des Albums, dessen grobe Abmischung eher auf einer 45er-Tuff Gong-Single zu vermuten wäre als auf einem Album. Wo er auch in der Tat zu finden war (1972), und zwar zusammen mit einer ausgezeichneten Instrumental-Version auf der B-Seite, die etwas merkwürdig abgemischt war (mit einer leichten Tendenz zum Übersteuern). Glanzvolle Gesangssätze und eine apokalyptische Vision verwirrter Geschlechter und von 10.000 pferdelosen Gespannen müssen denjenigen Plattenkäufern sehr sonderbar erschienen sein, die sich zum ersten Mal für eine Marley-Produktion entschieden haben und nicht mit seiner Interpretation der Offenbarung des Johannes vertraut waren. Eine bemerkenswerte Aufnahme, ganz gleich von welchem Standpunkt man sie auch betrachtet.

The Wailers: Catch A Fire Deluxe Edition (Tuff Gong/Island-Doppel-CD 314 548 635-2, 27. März 2001)

Disk 1: Die unveröffentlichten originalen Jamaika-Versionen.

Concrete Jungle, Stir It Up, High Tide Or Low Tide, Stop That Train, 400 Years, Baby We've Got A Date (Rock It Baby), Midnight Ravers, All Day All Night, Slave Driver, Kinky Reggae, No More Trouble.

Disk 2: Das Album.

Concrete Jungle, Slave Driver, 400 Years, Stop That Train, Baby We've Got A Date (Rock It Baby), Stir It Up, Kinky Reggae, No More Trouble, Midnight Ravers.

Island hat hier der Musik und dem Vermächtnis Bob Marleys und der Wailers in anerkennenswerter Weise ein Denkmal gesetzt und dabei nicht zu viel verändert oder aufgefrischt. Die Songs blieben zum größten Teil frei von Remixes und unnötigen nachträglichen Bearbeitungen, denn diese Musik steht aufgrund ihrer immens hohen Qualität durchaus auf ihren eigenen Füßen. Genau so wie es das Deluxe-Set detailliert aufführt, findet man hier die vielversprechenden Deluxe-Versionen von *Burnin'* und *Live!* – was einen Vorgeschmack auf das gesamte Lyceum-Konzert bietet.

Diese Deluxe-Edition hält mehr, als ihr Name verspricht und ist tatsächlich etwas ganz Besonderes. Trotz des ziemlich irreführenden Titels der ersten Disk wurden die Songs niemals in Jamaika veröffentlicht, doch es war genau die Zusammenstellung, die man von Jamaika aus zu Chris Blackwell nach London schickte, um ihm hiermit den Nachweis zu erbringen, wie sehr sich seine Investition von £ 4.000 gelohnt hatte. Es gab im Laufe der Jahre viele Meinungsverschiedenheiten bezüglich der Art und Weise, wie man mit verschiedenen Overdubs versucht hat, das *Catch A Fire*-Album zu „versüßen", doch es ist absolut unstrittig, dass man damit genau den Job erledigte, der zur damaligen Zeit notwendig war und damit zweifellos dabei half, allen Quereinsteigern in den Reggae einen Sound anzubieten, der für sie durchaus akzeptabel war. Wayne Perkins' Gitarre und John „Rabbit" Bundricks Keyboards füllten zwar den Sound, aber von ihren Beiträgen einmal abgesehen waren letztendlich die wunderschönen Wailers-Gesangssätze für den Erfolg verantwortlich. Der Gesamtsound klingt scharf, klar und bietet dem Hörer elementare Musik.

Die beiden Tracks, die auf dem Original-Album nicht zu finden waren, boten in den folgenden Jahren immer wieder Stoff für neue Legenden. Es ist nicht schwer zu erkennen, dass *High Tide Or Low Tide* und *All Day All Night,* zwei wunderbare sehnsuchtsvolle Liebeslieder, genauso tiefgründig und engagiert sind wie alles andere auf der Aufnahme auch. Vielleicht hätten aber zu viele Liebeslieder dem rebellischen Image schaden können, das Island in den frühen Siebzigern für die Wailers zu etablieren versuchte. Beide Alben sind exzellent und beide stehen für sich selbst, so dass es unmöglich ist zu sagen, welches das „bessere" ist. Ein unbedingt notwendiger Kauf.

Genau wie die Deluxe-Edition-CD-Serie wurden sämtliche Bob Marley & The Wailers-Alben bei Island nachträglich neu gemastert (jedoch nicht neu gemischt) und im neuen Jahrtausend über Island/Tuff Gong/Universal wieder veröffentlicht. Fast alle warten mit zusätzlichen Bonus-Tracks auf.

The Wailers: Catch A Fire

(Tuff Gong/Island CD 548 893-2, 12. Juni 2001)

Bonus Tracks: *High Tide Or Low Tide* und *All Day All Night.*

The Wailers: Burnin'

(ILPS 9256, 19. Oktober 1973; Neuerscheinung
Mango ILPM 9256, 30. März 1987;
Tuff Gong TGLLP 2, CD TGLCD 2, 26. November 1990)

Nachdem *Catch A Fire* im krassen Gegensatz zu den meisten Reggae-Alben einen unglaublichen Wirbel in der weißen Presse ausgelöst hatte, war *Burnin'* mit einem Titel, der auf einen Vorgänger desselben Jahres zurückgreift, der logische nächste Schritt. Das etwas durchdachtere, weniger vorsichtige Album als *Catch A Fire* zeigt die Wailers nun als eine sechsköpfige Gruppe (zusätzlich mit dem Keyboarder Earl „Wire" Lindo) auf dem Frontcover, mit dem Bandnamen und dem Titel frisch in eine Holzkiste eingebrannt – eine Methode wie in Zeiten der Sklaverei. Auf der Rückseite sieht man Bob, wie er als Zeichen der Freiheit an einem langen Joint zieht. Das aufgeklappte Cover bietet uns die Texte sowie eine Reihe zunächst idyllisch anmutender Fotos aus den jamaikanischen Ghettos, die Armut in ein positives Licht setzen. Es gab zwar schon vorher LP-Cover zum Ausklappen – zum Beispiel das Album *Return Of Django* von den Upsetters –, doch in diesem Genre war bis zu diesem Zeitpunkt keine Hülle so perfekt gestaltet und auf ein weit gefächertes Publikum gerichtet wie diese hier.

Aufgenommen im Harry J.-Studio in Kingston und erneut bei Island in London abgemischt, erfuhr das Album in der Rock-Presse eine überaus positive Resonanz, doch trotz der ermutigenden Verkäufe und der Shows in England (einschließlich eines TV-Auftritts bei „The Old Grey Whistle Test") war dies nicht der kommerzielle Durchbruch, den sich sowohl die Band als auch das Label erhofft hatten. Es war allerdings eine weitere Sprosse auf der Erfolgsleiter, und nachdem *Burnin'* nur etwa sechs Monate nach *Catch A Fire* erschien, wurde es deutlich, welches überaus produktive Talent hier zu Tage kam. Das Album bezieht außerdem auch wieder – allerdings zum letzten Mal – Bunny mit ein, nachdem der Vorgänger dieses Albums gänzlich ohne ihn auskam.

Produziert von Chris Blackwell & The Wailers. Alle Songs von Bob Marley, wenn nicht anders vermerkt. Musiker: Marley, Tosh, Livingston, A. & C. Barrett, Earl Lindo. Weitere Musiker: Tyrone Downie, Keyboards.

Get Up, Stand Up

Marley/Tosh

Wahrscheinlich wesentlich selbstbewusster denn je gibt es schon von der ersten Note an keinerlei Zweifel, um welche Art Album es sich bei *Burnin'* handelt. Marley und Tosh, hier mit fast einzigartiger kompositorischer Arbeitsteilung, starten mit einem größtenteils von Bob gesungenen Song, der Toshs Militanz und Grundeinstellung nahezu vollständig untermauert. Toshs Gesang in der letzten Strophe war niemals besser: Er singt hier mit einem Selbstvertrauen, das seit Mitte der sechziger Jahre nicht mehr so klar gewesen war. Als eine Art Hymne verleiht dieser Titel dem Gedanken, der bereits hinter der früheren Single *Lively Up Yourself* steckte, einen wesentlich schärferen Tonfall.

Der Song wurde auch bei Island als 45er-Single zusammen mit *Slave Driver* (WIP 6167 UK, P 1218, nur als Promo, US) veröffentlicht, in die Sampler *Rebel Music* und *Songs Of Freedom* integriert, erschien als Live-Mitschnitt auf *Live!* und als veränderte Version auf *Talkin' Blues*.

Hallelujah Time
Jean Watt

Ein sicheres Zeichen, dass Bunnys bevorstehender Austritt aus der Gruppe unvermeidbar war, egal welche Gründe sich auch in Wahrheit dahinter verbargen (oft wurde als Grund seine Tourverdrossenheit und die Angst, für immer in Bobs Schatten zu stehen, angenommen). *Hallelujah Time* – Bunnys Frau Jean Watt zugeschrieben – ist ein eher spiritueller und weitaus sanfterer Song als das übrige Material des Albums und passt schon eher auf Bunnys eigenes Debüt-Album *Blackheart Man* (1976) als auf *Burnin'*. Bunny untersucht hier den Zusammenhang zwischen Rasta und der Menschlichkeit in Bezug auf die Natur und das Übel der Sklaverei.

I Shot The Sheriff

Der Song, den Bob für das Musikbusiness „schuf" und der 1974 für Eric Clapton in den USA zum Nr. 1-Hit wurde. Die Tatsache, dass Bob bereits Hits für Johnny Nash geschrieben hatte, zählte hierbei nur sehr wenig, denn Clapton war schon vorher als ernsthafter Künstler anerkannt, während Nash angeblich nur als gelegentlicher Hitmacher galt. Unnötig zu erwähnen, dass Bobs Version die bessere von beiden ist, obgleich Claptons Fassung sehr ähnlich wurde. Die Gesangssätze der Wailers sind hier ein wenig schriller als man es von ihnen gewohnt ist, so dass man annehmen könnte, es handele sich hier nicht um Bunny und Peter.

Hinsichtlich der Tumulte in Jamaika in dieser Zeit sollte der Song laut Bob eigentlich *I Shot The Police* heißen, doch Bob entschied sich letztlich für das Wildwest-Motto, um eventuellen Problemen aus dem Weg zu gehen. Der Song war gut genug, um die damaligen Gesetzgeber wiederholt vor den Kopf zu stoßen: Er wurde im August 1993 von der obersten Sicherheitsbehörde Jamaikas aus jeglicher öffentlichen Vorstellung verbannt. Für die vermutliche Inspiration, die hinter diesem Song steckte, siehe auch *Keep On Moving* auf der LP *Soul Revolution*.

I Shot The Sheriff erschien außerdem auf dem Album *Live!* (1975) und Bunny griff für seine LP *Tribute* (1981/1990) ebenfalls auf diesen Titel zurück. Im Jahr 1981 wurde der Song außerdem noch ein Hit für die britische Funk-Band Light Of The World.

Burnin' And Lootin'

Ein weiterer militanter Klassiker – gedrückt, knallhart und scharfsinnig. Bob wacht während einer Ausgangssperre auf (Ausgangssperren wurden in Kingston regelmäßig nach Ausschreitungen oder Demonstrationen verhängt) und vertritt den Standpunkt, dass die Armen in einem solchen Fall nicht in der Lage sind, zu denen zu kommen, die ihnen helfen könnten, also müsse Gewalt angewendet werden. Später räumte Bob ein, dass es sich hier einfach nur um glühende Illusionen gehandelt habe, und obwohl das einen Teil des Textes ausmachte, scheint dies in einer Zeit, als Bob für sein „politisches Engagement" kräftig unter Beschuss stand, eine eher unaufrichtige Behauptung zu sein. Musikalisch betrachtet ist der Song dem Titel *Midnight Ravers* sehr ähnlich und so ganz nebenbei ist Bob sowohl Teil des Satzgesangs als auch Lead-Sänger. Später erschien der Song in unterschiedlichen Fassungen noch auf den Alben *Live!* und *Talkin' Blues*.

Put It On

Dem Studio One-Spiritual, das als Eröffnungssong für *The Wailing Wailers* diente, wird hier eine sanfte und unkomplizierte Neubearbeitung zuteil. Bestimmt nicht die beste Version, aber doch weit entfernt davon, einfach nur dahingespielt worden zu sein. Der Song im Original wurde vom Studio One und von Island als Single veröffentlicht, und es gibt eine weitere Aufnahme auf dem *Soul Revolution*-Album.

Small Axe

Noch ein entstaubter und aufgefrischter Oldie, dieses Mal jedoch mit einem weitaus inspirierteren und pulsierenderen Gefühl. Die weibliche Stimme, die irgendwo inmitten der Gesangssätze zu erkennen ist, könnte möglicherweise zu Marcia Griffiths gehören.

Einen der berühmtesten Wailers-Songs in seiner Ursprungsfassung findet man als 45er-Upsetter-Single, auf *Rasta Revolution* (QV) und auf der LP *Very Best Of The Early Years* sowie auf dem zuletzt erwähnten Album als veränderte Version unter dem Titel *More Axe*, der, um das Leben noch ein wenig komplizierter zu machen, auf *The Best Of Bob Marley & The Wailers* als *Small Axe* auftaucht. Doch ungewöhnlicherweise (in Bezug auf den Klassik-Status dieses Songs) gab es keine weiteren Versionen davon. Vielleicht hatte Bob in der Zeit, als diese Aufnahme veröffentlicht wurde, einfach nur genug davon.

Pass It On

Jean Watt

Noch ein von Bunny Wailer geführter Song. Mit seiner fast schon funkigen Basslinie und seinem klimpernden elektrischen Piano am Anfang klingt *Pass It On* wie eine amerikanische Soulnummer, wie ein Titel, den auch ein Bill Withers in dieser Zeit hätte zusammenbauen können. Doch das Rasta-Schlagzeug und der folkige Jamaika-Stil gibt dem Ganzen letztendlich doch einen gewissen Halt. So wie *Hallelujah Time* passt auch *Pass It On* nicht so recht in das Konzept der anderen Songs der LP, da er sich mehr mit spirituellen als mit polemischen Dingen befasst. Bunny veröffentlichte eine sehr schöne Version davon über sein eigenes Solomonic-Label (1973, auch erschienen auf *Knotty Vision* des amerikanischen Nighthawk-Labels) und außerdem gibt es davon in den Tuff Gong-Archiven eine ausgezeichnete Rocksteady-Version des Jahres 1967 oder 1968, die leider niemals das Tageslicht erblicken durfte.

Duppy Conqueror

Inzwischen hat *Burnin'* die anfängliche Angriffslust der ersten LP-Seite weitestgehend abgeschüttelt und wird nun ganz allmählich immer moderater, wie diese Neubearbeitung eines weiteren ihrer Lee Perry-Hits belegt. Ganz nah am Original, nicht überhastet und mit einem Background-Gesang, der hier einen wichtigeren Teil einnimmt. Das rollende *„Brrr"* im Zwischenteil *Don't try to cold me out on this bridge* ist und bleibt wohl eines der interessantesten Wortspiele, die in der Reggae-Musik jemals kreiert wurden. Bob spricht hier nicht nur von einer wirklichen Brücke: auch musikalisch gesehen ist es eine sogenannte „Bridge" (musikalische Überleitung, Anm. d. Übers.), und die *„Brrr"*-Einwürfe, die das *cold me out* verdeutlichen sollen, haben hier eine weitere Bedeutung, die dem Hörer erst nach und nach bewusst wird.

Das Original kam auf dem Album *Soul Revolution* als Dub-Version heraus und erschien auf *African Herbsman* sowie auf einer Reihe von Singles als Gesangs-Version (in Großbritannien als Upsetter US 348 und auf mehreren Jamaika-Pressungen). Außerdem gibt es davon noch eine DJ-Fassung des Originals von Dave Barker mit dem Titel *Conqueror V/3* (JA Upsetter), die auch als *Duppy Conqueror* und als *Runaway Child* (UK Upsetter US 349) erschien.

One Foundation

Tosh

Tosh mit Clavinet, Wah-Wah-Gitarren und ein wenig Cembalo zur Einleitung geht in diesem Song auf die dringend benötigte Einigkeit untereinander ein, wobei es eine gewisse Parallele zu *One Love* zu entdecken gibt – wenn auch nicht musikalisch, vielmehr in der

Aussage. Die Gesangssätze der Wailers waren nie satter als hier und sollten auch nie mehr so werden, da *Burnin'* die letzte komplette LP war, für die sie zusammengearbeitet haben. Ungewöhnlich für Tosh, dass er hiervon keine einzige neue Version aufgenommen hat.

Rasta Man Chant

Trad. Arrangement: The Wailers

Die Wailers halten im Studio mit Rasta-Drums eine „Grounation" ab („... wir lassen alle Leute in Liebe zusammenwachsen, das ist wie die Erdung bei einem elektrischen Kreislauf, wenn etwas schief geht und es gibt keine Erdung, dann bekommt man einen Schlag." [Mystic Revelation of Rastafari im Juli 2001 bei einem Interview mit RootZ.net], Anm. d. Übers.). Sie singen hier im Sprechgesang ein Spiritual, das noch heute immer wieder von den Rasta-Lagern zurückhallt. Ein weiteres Highlight ihrer frühen Tourneen und als Tuff Gong-Single unter dem Titel *Chant I* erschienen. Wer den Song zuerst geschrieben hat, ist vollkommen unklar. Auf dem Album *Talkin' Blues* taucht noch eine weitere Version davon auf. Die Gesangssätze waren nie besser als auf dieser Aufnahme und das Moog-Solo, das unglaublicherweise klingt wie eine Biene, ist absolut fantastisch und genial. Ein überaus passendes und herrliches Finale zum Ende der Wailers-Laufbahn als Gesangsgruppe.

Auch auf *Songs Of Freedom* und als veränderte Version auf *Talkin' Blues* zu finden.

The Wailers: Burnin'

(Tuff Gong/Island CD 548 894-2, 12. Juni 2001)

Bonus Tracks: *Reincarnated Souls, No Sympathy, The Oppressed Song.*

Drei exzellente Zugaben, allesamt aus der Periode der *Burnin'*-Sessions, von denen bis dahin noch keine auf CD veröffentlicht wurde, obwohl Bunnys *Reincarnated Soul* bereits zuvor als B-Seite der Single *Concrete Jungle* (WIP 6164) erhältlich war. Die Versionen der beiden anderen Songs allerdings – Peters *No Sympathy*, das zuerst für Lee Perry aufgenommen wurde, und Bunnys *The Oppressed Song*, das später noch auf seinem Debüt-Soloalbum *Blackheart Man* zu hören war – wurden zuvor weder auf Vinyl noch in anderer Form ans Licht der Öffentlichkeit gebracht.

The Wailers: Natty Dread

(Island ILPS 9281, 25. Oktober 1974; Neuveröffentlichungen: Mango ILPM 9281, CD CID 9281, 30. März 1987; Tuff Gong TGLLP 3, CD TGLCD 3, 26. November 1990)

Nun gilt Bob zum ersten Mal seit seinen ersten Debüt-Singles für Leslie Kong 1963 offiziell wieder als Solo-Künstler. Da er nun nicht mehr gesanglich von Bunny und Peter unterstützt wird, die jetzt ihrerseits ohne Bobs mächtigen Schatten über ihren Köpfen ihre Solo-Karrieren neu starten bzw. erneut anlaufen lassen, nimmt Bob die Hilfe von Rita Marley, seiner Ehefrau und früherem Kopf der rein weiblichen Gesangsgruppe The Soulettes in Anspruch, die zur gleichen Zeit wie die Wailers im Studio One arbeiteten. Rita engagierte kurzerhand Marcia Griffiths, Reggae-Star Mitte der sechziger Jahre und frühere Partnerin von Bob Andy beim Duo Bob & Marcia, die mit einer Version von Nina Simones Titel *Young, Gifted & Black* in England einen Nummer 1-Hit landen konnten. Das letzte Mitglied der I-Threes war Judy Mowatt, frühere Chefin der Gaylettes. Bei dieser neuen Formation blieb Bob vorn, während die I-Threes selbst, die den Wailers absolut nicht ähnlich waren und auch gewiss nicht sein wollten, die Unterstützung und die Einwürfe boten, was die Melodien zwar intensivierte, jedoch nicht direkt verbesserte.

Die Band wurde ebenfalls verstärkt. Neben Marleys Rhythmus-Gitarre sowie dem Bass und den Drums der Barrett-Brüder wurden noch „Touter" (Bernard Harveys) an den Keyboards und Al Anderson an der Solo-Gitarre eingesetzt. *Natty Dread* präsentiert Bob in allerbester Form und ist weit davon entfernt, ihn nervös in seiner neuen Arbeitssituation zu zeigen. Die Band wird auf dem

Albumcover vollständig genannt, selbst wenn die I-Threes nur ein kollektives Kopfnicken zum Besten gaben und die gelegentlichen Gesangs-Beiträge auf den Aufnahmen letztlich nicht erschienen. Auch dieses Album wurde in Jamaika in den Harry J.-Studios aufgenommen und in den Basing Street-Studios in London abgemischt. Die Produzenten sind Chris Blackwell und Bob Marley. Die Nennung der Techniker ist sehr aufschlussreich: Syl Morris, der bereits in den Sechzigern beim Studio One beschäftigt war und der für manche der beste Techniker war, den Jamaika je zum Vorschein brachte. Auch Sid Bucknor, der den Mix in England erledigte, hatte in dieser Zeit dort gearbeitet. Das erklärt vermutlich die natürliche Affinität der beiden Techniker zu Marleys Musik, die in den Aufnahmen deutlich zum Tragen kommt. Doch zum ersten Mal nahm Marley auch einige der Backing-Tracks für dieses Album in London auf, in den Island-Studios in Hammersmith: Diese Tracks stellen die restlichen Aufnahmen aber in keiner Weise in den Schatten.

Obwohl auch dieses Mal kein großer kommerzieller Durchbruch folgte, so war es doch unzweifelhaft ein Schritt in die richtige Richtung. *Natty Dread* zeigte sich für fünf Wochen kurz in den britischen Album-Charts mit einem Höchststand auf Platz 43. Bobs Image war aber nun vorbestimmt und sein Name mittlerweile bekannt. In England und in Amerika wurde diese Platte in Studentenkreisen allmählich zum Geheimtipp und verbreitete sich sogar noch weiter, als Bobs nächstes Album erschien. Trotz der unausweichlichen Präsenz von drei älteren Songs – *Lively Up Yourself, Bend Down Low* und *Them Belly Full (But We Hungry)* – schaute Bob mit *Natty Dread* eher in die Zukunft als in die Vergangenheit. Zweifellos ein künstlerischer Triumph und ein Muss für jeden Marley-Fan.

Doch obwohl dies hier die definitive Version des Albums ist, scheint es, als gebe es noch andere Fassungen: Als die LP in London abgemischt wurde, blieben provisorische Mixes einzelner Songs auf den Masterbändern, einschließlich rund einem halben Dutzend Versionen des Titelsongs *Natty Dread*, die sich heute in London in der Hand eines Tonstudio-Inhabers befinden.

Produzent: Chris Blackwell & The Wailers. PS: Diese Nennung mag als Indiz dafür gelten, dass Island zu Beginn eher daran interessiert war, den kompletten Gruppennamen beizubehalten als Bobs Namen nach vorn zu bringen.

Musiker: Bob Marley (Vocals, Gitarre); Aston Barrett (Bass); Carlton Barrett (Drums); Bernard „Touter" Harvey (Keyboards); Al Anderson (Lead-Gitarre). The I-Threes: Rita Marley, Marcia Griffiths und Judy Mowatt (Backing-Vocals).

Ebenfalls bei den Sessions: Earl „Wire" Lindo, Tyrone Downie (Keyboards); Glen Da Costa, David Madden, Tommy McCook (Bläser).

Lively Up Yourself

Marley

Sollten Sie kein Marley-Fan sein, so sei Ihnen vergeben, wenn Sie annehmen, dies sei die erste Version von *Lively Up Yourself,* so frisch wie sie klingt, im Gegensatz zu ein oder zwei anderen Remakes. Unterlegt mit einigen Al Anderson-Licks, gespielt auf einer Gitarre mit Nylonsaiten, sowie einem coolen und lockeren Drum-Beat von Carlie Barrett versucht Bob seine Probleme und die der Welt leicht zu nehmen und bittet nachdrücklich darum: ... *don't be no drag* (in etwa: ... seid keine Belastung, Anm. d. Übers.). Als Eröffnungssong ein ebenso eindringlicher Appell zur Zivilcourage wie es *Get Up, Stand Up* auf *Burnin'* war, jedoch ohne jegliche Militanz.

Auf der original Tuff Gong-Single (1971), deren Version zusätzlich auf dem Album *African Herbsman* zu finden ist, gehörte auch noch Tommy McCook zur Bläsergruppe. Diese Fassung hier gab es als US-Single bei Island (IS 027). Später erschien der Song außerdem noch auf dem *Live!*-Album, auf der Doppel-LP *Babylon By Bus* (als einziger Titel, der beide offizielle Konzertmitschnitte ziert) und auf *Songs Of Freedom.*

No Woman, No Cry

Vincent Ford

Auch wenn die Reggae-Traditionalisten sich Mitte der achtziger Jahre über den Einzug der Drum-Maschinen beklagten und sich darum sorgten, dass das Gefühl, das ein Drummer wie Carlie Barrett in einen Song mit einbrachte, verloren gehen würde, experimentierten

Carlie, „Family Man" und Marley bereits Mitte der Siebziger mit einem elektronischen Trommler. Hier ist der Beweis.

Als einer der ewigen *Rock*-Klassiker – Reggae und Marley einmal außer Acht gelassen – wurde *No Woman, No Cry* in dieser Form hier weitaus weniger hymnenhaft eingespielt als die Hit-Version auf dem *Live!*-Album. Stattdessen klingt alles ein wenig dünn und empfindlich, mit wenig Skank und viel Spirit, wenn Bob sich an die Leiden der Vergangenheit erinnert und sie als Hilfestellung für Gegenwart und Zukunft betrachtet. Obwohl es keine Zweifel an der Aufrichtigkeit seiner Darbietung gibt, so handelt es sich jedoch hier nicht wirklich um seine eigene Vergangenheit: Der Song wird Vincent Ford zugeschrieben.

Dafür gibt es einige mögliche Gründe. Der erste ist, dass der Song von Vincent Ford komponiert wurde, einem gelähmten Diabetiker, der sich bis zum heutigen Tage immer noch in der Nähe des Bob Marley-Museums aufhält, der einstigen Wohnung und dem Studio des Sängers in der Hope Road 56 in Kingston. Auch wenn es keinen konkreten Grund gibt, an Ford als tatsächlichem Autor zu zweifeln, so sind einige „Marleyphile" der Ansicht, der Song klinge wie ein echter Marley-Titel und man müsse sich darüber hinaus fragen, warum Fords übrige Beiträge zur Musik so dürftig sind, wenn er in der Lage gewesen ist, einen solchen Klassiker zu schreiben. Sie argumentieren, dass es zwei mögliche Gründe gibt, die Autorenschaft anzuzweifeln: Zum einen hatte Bob damals mit Cayman Music einen Verlagsvertrag geschlossen, einer Gesellschaft, die Johnny Nashs Manager Danny Sims gehörte. Bob hatte sich bereits im Jahr 1972 von seinem Manager Sims getrennt und ihm vermutlich dessen Einmischung in seine Angelegenheiten verübelt. Daher konnte Bobs eigene Firma, Bob Marley Music, aus vertraglichen Gründen nur die Tantiemen vereinnahmen, wenn nicht er selbst als Autor genannt wurde. Außerdem weisen die Experten darauf hin, dass es auf dem Album eine Reihe weiterer Songs gibt, die nicht Bob Marley zugeschrieben wurden, was ihre Argumentation untermauert.

Der zweite Grund ist, dass Marley sich um Fords Finanzen sorgte, da beide – wie der Text des Songs suggeriert – seit ihren Tagen in Trenchtown eng befreundet waren. Weil Ford wegen seines

Gesundheitszustands kaum eine Chance auf einen Job hatte, war dies für Bob der beste Weg, sich um seinen Freund zu kümmern. Doch da Bob nicht wissen konnte, dass der Song ein Klassiker werden würde und letztendlich eine Menge Tantiemen einbrachte, handelte er wohl überaus optimistisch, indem er mit dieser Geste seinem Freund helfen wollte. Die einfachste Erklärung jedoch ist, dass Ford den Text schrieb, oder ihn zumindest irgendwann sang, während Bob auf dem Hof in der Hope Road auf der Gitarre herumklimperte. Sowohl Ford selbst als auch sein Sohn, der heute ein häufiger Besucher der Räumlichkeiten von Tuff Gong ist, bestehen hartnäckig darauf, dass Ford weiterhin als Autor des Songs gilt. Und warum sollte er ihn auch nicht geschrieben haben?

Ein alternatives Argument wäre noch, dass Bob, der nun ohne Bunny & Peter dastand, um die verschiedenen Ideen zu reflektieren, auf der Suche nach anderweitiger Unterstützung war, und dass das Album *Natty Dread* mit seiner kollektiven Aura dies auch widerspiegelt. Daher wäre es also durchaus denkbar, dass Vincent Ford, auch ohne eine nachvollziehbare musikalische Vergangenheit, unter dem Tuff Gong-Regime einen unbestrittenen Klassiker zu Papier gebracht haben könnte, der für jemand Bekannteren aufgespart wurde. Falls dies wahr sein sollte, würde das wiederum perfekt zu Marleys Image jener Zeit passen.

Bei Island in der Version des *Live!*-Albums auch als 45er erschienen. Auf *Songs Of Freedom* noch in einer etwas anderen live-Fassung.

Them Belly Full (But We Hungry)

Marley

Dieser zuvor bereits über Tuff Gong als 7" in geringfügig veränderten Versionen unter den Titeln *Bellyfull* und *Belly Full* veröffentlichte Song von Bob, bei dem es sich sowohl um physischen als auch um spirituellen Hunger dreht, behält durch einen Bläsersatz, direkt auf die Gitarrenakzentuierung gesetzt, viel von der Ursprünglichkeit der früheren Aufnahmen. Der Text kann auf zwei Arten verstanden werden: Mit dem *Them* im Titel könnten die Reichen gemeint sein, die Unterdrücker, oder es wird vielleicht angedeutet, dass man zwar einen vollen Bauch haben kann, doch deswegen noch lange keine erfüllte Seele besitzt. Das Thema im Refrain taucht auch heute noch immer wieder in der Reggae-Musik auf: *Forget your weakness and dance, forget your sickness and dance.* Hier dient der Reggae zum Heilen seelischer Wunden.

Bob sang diesen Song auch auf dem *Live!*-Album; er erschien außerdem auf *Rebel Music.*

Rebel Music (Three O'Clock Roadblock)

Aston Barrett, Hugh Peart

Die Betonung dessen, dass der Reggae seinen Platz als Musik der Armen Jamaikas gefunden hat, findet sich nicht ausschließlich in Songs wieder, die von Bob geschrieben wurden. Und so dreht es sich bei *Rebel Music* um einen Rasta – Musiker? –, der in einem Land, in dem die Menschen theoretisch frei sind, von der Polizei angehalten wird. Bobs Wechselspiel zwischen der Polizei und dem Rasta, das in der Zeile *I ain't got no birth ,cerfiticate' on me now* gipfelt, ist meisterhaft. Natürlich wusste er, wie das Wort *certificate* „richtig" ausgesprochen wird, doch hiermit versuchte er den Unterschied zwischen seinen eigenen Standards und denen der Polizei sowie den gewaltigen Abstand zwischen ihnen deutlich zu machen. Auf einen krachenden Skank gelegt und mit einer von Lee Jaffe (der nicht genannt wurde) eingespielten Mundharmonika veredelt, die wie ein heulender Wolf mitten in der Nacht klingt, greift *Rebel Music* das Konzept auf, das bei *Soul Rebels* entstand und bringt es hier in eine neue Dimension.

Der Song ist auch auf *Babylon By Bus* zu finden und erschien in Jamaika als Tuff Gong-Single unter dem Titel *3 O'Clock Road Block* (1974) mit einem Mundharmonika-Mix und *Rebel Music* auf der B-Seite. Er wurde zum Titel- und Eröffnungssong des Albums *Rebel Music.*

So Jah Seh

Willie San Francisco

Bob lässt hier sein Rasta-Bewusstsein auf eine Art und Weise heraus, wie er es auf Plattenaufnahmen der vergangenen Jahre nicht sehr oft getan hat. Indem er seinen Platz auf Erden aus seinem eigenen Blickwinkel betrachtet, führt Bob das Wort Gottes als Beweis dafür an, dass seine Kinder – und weiter gefasst, alle Kinder armer Leute – nicht nach der Nächstenliebe der oberen Zehntausend hungern sollten. Wieder übernimmt hier eine knallende Drum-Maschine die Arbeit des Live-Kits, die unter eine straffe, trockene Bläsersektion und eine lockere, hüpfende Melodie gelegt wird, was sich als effektiver Kunstgriff erweist und den Song zu einem der bislang kompaktesten Marley-Songs macht. Auch dieses Mal taucht wieder die Frage auf, wer nun tatsächlich diesen Song geschrieben hat: Angegeben wird hier Willie San Francisco (Francisco Willie Pep), der zu Bobs Gruppe gehörte und oft die Percussions spielte.

Der Track kam auch als Single (WIP 6262, 1974) auf den Markt, mit *Natty Dread* als B-Seite. In den USA war *So Jah Seh* außerdem die Rückseite von *Lively Up Yourself* (IS 027, 1974).

Natty Dread

Alan Cole/Aston Barrett

Und weiter geht's mit den Klassikern. Bob läuft durch die Straßen und hört die Kinder hinter ihm herrufen: „Natty Dread!" Das fasst er nicht als Beleidigung auf, sondern lediglich als Bestätigung einer wunderbaren Tatsache. Vom Text her zwar etwas seicht, doch trotzdem genau auf dem Punkt, scheint sich Bob hier in Freistil-Manier durch das Stück zu winden und bringt gelegentlich kulturelle Argumente zum Besten, bis er zum simplen Kern gelangt, in dem er deutlich macht, wie weit weg er sich von seiner wahren spirituellen Heimat – Afrika – befindet. Doch die selbstsichere, solide Performance macht aus dem Song weit mehr, als er oberflächlich betrachtet zu sein scheint.

In Jamaika auch als Single erschienen unter dem Titel *Knotty Dread* mit einer Dub-Version auf der Rückseite (Tuff Gong, 1974), doch der Gesang und der Mix sind hier etwas anders. Laut Cover sind die Autoren des Songs Alan „Skill" Cole, Bobs Fußballer-Kollege, und „Family Man" Barrett. Und tatsächlich, wenn man sich die Album-Version genauer anhört, kann man gegen Ende des Tracks noch ein paar von den nachträglich verworfenen Stimmen erahnen. Der Song erschien auch als B-Seite von *So Jah Seh* (Island WIP 6262). Insgesamt birgt er eine verblüffende Ähnlichkeit zu

Soul Rebel (aus dem *Soul Rebels*-Album) und interessanterweise auch zu *Bongo Red*, einer Single der führenden Roots-Reggae-Band der Siebziger, The Gladiators.

Seltsam, aber bestimmte neu erschienene Pressungen von *Bongo Red* datieren sein Original auf den August 1974 und bestimmen somit praktisch die Idee der Gladiators zum ursprünglichen Konzept. Doch da ihre Aufnahme im Studio One entstand, könnte man vermuten, dass der Besitzer des Labels, Coxsone Dodd, seinem früheren Protegierkind einfach nur einen kleinen Seitenhieb verpassen wollte. Auch bei Island (UK) als Single erschienen (WIP 6262) und auf *Songs Of Freedom* zu finden.

Bend Down Low

Marley

Bob kehrt zurück in die Rocksteady-Zeit, um erneut nach einem seiner dauerhafteren Hits der Sechziger zu sehen. Trotz der country-ähnlichen Gitarren zu Beginn des Tracks kann man diesen Song immer noch als das erkennen, was er früher einmal war, mit fast demselben Arrangement, auch wenn die Gesangssätze der I-Threes bluesiger klingen als die der Wailers. Bob erinnert sich hier an seine freche und rüde Art in der Vergangenheit, die er in seiner Zeit als internationaler Star oft an den Tag legte. Das Orgelsolo im Mittelteil erinnert jedoch mit seinem durchdringend scharfen Ton an eine andere Reggae-Ära um 1969/1970.

Das schwächste Stück auf dem Album, und dem Original (zu finden auf *The Best Of The Wailers* und *One Love*) leider um einiges unterlegen; doch auf einer Plattenseite, die vollgepackt ist mit Botschaften, unbedingt vonnöten. Man behauptet, die normale Singleveröffentlichung sei für Bobs wachsendes „ernsthaftes Künstler-Image" als zu leichtgewichtig erachtet worden.

Talkin' Blues

Carlton Barrett/Legon Cogill

Hier ist wieder ein Song mit einem soliden Skank unterlegt, ähnlich wie bei *Them Belly Full*, und erneut mit Lee Jaffes heulender

Mundharmonika im Hintergrund untermalt, in dem sich Bob als Opfer beschreibt, obdachlos und mit Steinen als Kopfkissen. Dies scheint allerdings für ihn kein Zufall zu sein, da seine Einstellung als Rasta, die in der Bridge mit der Zeile *Feel like bombing a church, now that you know that the preacher is lying* belegt wird, ihn anscheinend für jedwede Arbeit unvermittelbar macht. Diese Zeile verschaffte dem Song einen äußerst kontroversen Ruf und vielleicht – aber auch nur vielleicht –, wenn man ganz genau hinhört, scheint es, als fühle sich Bob auch nicht so recht wohl beim Singen. Zum Teil dreht es sich bei diesem Song auch um Klatsch und Tratsch. Ein letzter Punkt: Der Gesang in der abschließenden Strophe wurde wohl nicht zur gleichen Zeit aufgenommen wie der Rest des Songs, oder aber später hinzugefügt, da die Tonqualität von Bobs Stimme hier doch beträchtlich anders wirkt als zu Beginn. Dieser Track erschien in England als Single (WIP 6262).

Eine etwas andere Version davon ist Titelsong der gleichnamigen LP *Talkin' Blues*. Es gibt außerdem noch eine Tuff Gong-Single (1974), auf der sich ein Mix von U Roy mit Bobs Gesang befindet, mit einem Dub-Mix auf der B-Seite.

Revolution

Marley

Ein langsamer und mächtiger Skank mit Rasta-Drums, die irgendwo mitten im Mix herumklappern, beendet das Album. Die Akkordwechsel haben eine unvergleichbare Regelmäßigkeit und der komprimierte Sound der Bläser, ähnlich wie später bei Dennis Browns *Life's Worth Living* (Dennis war angeblich Bobs Lieblings-Reggaesänger), gibt dem Song echte Atmosphäre und Biss. Zweifellos wurde der lyrische Inhalt zum Teil von Nineys *Blood And Fire* beeinflusst, einer Aufnahme, die Bob durchaus bekannt war, seit unentwegt darüber berichtet wurde, nachdem sie 1970 auf dem Markt erschienen war. Wenn Bob hier mit einem leicht affektierten nasalen Tonfall singt und zum Aufstand aufruft, ob blutig oder apokalyptisch, setzt er mit diesem Song einen echten Schlusspunkt für das Album.

Bob Marley & The Wailers: Natty Dread
(Tuff Gong/Island CD 548 895-2, 12. Juni 2001)

Bonus Track: *Am A Do.*

Bob Marley & The Wailers: A Taste Of The Wailers
(Island, nur als Promo-LP ISS 3, Mai 1975)

Tracks: *Lively Up Yourself, Kinky Reggae, No Woman, No Cry, Get Up, Stand Up, I Shot The Sheriff, Stir It Up, Natty Dread.*

Diese LP, die nur in Großbritannien in ganz geringer Auflage für die Presse und die Radiosender herauskam, sollte ein Vorgeschmack auf die Tour sein, aus der später das *Live!*-Album entstand. Es gab kein richtiges Cover, der Titel wurde vielmehr lediglich über eine weiße Hülle gestempelt. Details sind den vorangegangenen Island-LPs zu entnehmen.

Bob Marley & The Wailers: Live! auch bekannt unter Live At The Lyceum
(Island ILPS 9376, 5. Dezember 1975;
Neuveröffentlichungen: Mango ILPM 9376,
30. März 1987; CD CID 9376, 19. Januar 1987;
Tuff Gong TGLLP 4, CD TGLCD 4, 26. November 1990)

Endlich der internationale kommerzielle Durchbruch, zumindest in Europa. Begrüßt mit einem ganzen Haufen Kritiken, die den Klassik-Status von *Live!* betonten, katapultierte das Album Bob vom Geheimtipp zum Starruhm. In den Staaten allerdings dauerte es noch eine gewisse Zeit, da Island dort das Album unverständlicherweise nicht sofort veröffentlichte, vielleicht um den Import noch ein wenig in die Länge zu ziehen. Als es dann aber auf den Markt kam, spielten es die Rock-Radiosender regelmäßig. In einer

Zeit, da starke Live-Aufnahmen einen überaus hohen Stellenwert eingenommen hatten, war es wahrlich eine Meisterleistung von Bob und Island, diese explosive Show auf Vinyl zu bannen. Wenn Bob im Stande war, eine großartige Konzert-Aufnahme herauszubringen, was konnte ihn da noch aufhalten?

Aufgenommen am 18. Juli 1975 mit dem Mobil-Studio der Rolling Stones im heute geschlossenen Londoner Lyceum Theatre wurde es zu einem Dokument einer Riesenparty, einem Konzert, das jeder Reggae-Begeisterte Mitte der siebziger Jahre gesehen haben musste. Bob war früher schon einmal hier gewesen, aber es war das erste Mal, dass er in der Lage war, eine solche Menschenmenge in seinen Bann zu ziehen. Es gab auch vorher schon Live-Reggae-Alben, doch zum ersten Mal hat ein jamaikanischer Künstler seiner Klasse ein Konzert auf Vinyl gebannt. *Live!* wurde zu einem ursprünglichen Live-Dokument, rau und kribbelnd durch die Spannung des Moments, und angefangen von der Menge über den Tontechniker bis hin zur einzigartigen Rhythmusgruppe der Barrett-Brüder wusste plötzlich jeder, dass Bobs Zeit endlich gekommen war. Der Mix klingt kaum wie der Studio-Reggae jener Zeit, aber warum sollte er auch? Bob nahm den Sound wie er kam, ohne jegliche Vorurteile. Es gab auch keinerlei Ansagen von Bob; lediglich eine zu Beginn des Konzerts stammte vom Tourbegleiter Tony „T" Garnett.

Die Credits auf dem Cover lesen sich wie folgt: „Bob Marley & The Wailers produzierten die Musik. Steve Smith & Chris Blackwell produzierten die Platte". Und die Platte produzierte einen Star.

Musiker: Bob Marley, Aston & Carlton Barrett, Bernard „Touter" Harvey, Al Anderson, The I-Threes minus eine (I-Twos?): Judy Mowatt war nicht auf der Tour dabei.

Die Set-Liste des Gigs lautet wie folgt: Intro; *Trenchtown Rock, Slave Driver, Burnin' And Lootin', Them Belly Full (But We Hungry), Three O'Clock Roadblock, No Woman, No Cry, Kinky Reggae, Natty Dread, Stir It Up, Lively Up Yourself, I Shot The Sheriff, Get Up, Stand Up.*

—

Trenchtown Rock

Marley

Eine harte und schnelle Version des Songs von *African Herbsman/Natty Dread*. Man spürt förmlich den Kitzel sowohl in der Band als auch in der Menge. Die Gesangsharmonien der I-„nicht ganz“-Threes sind genauso rau wie Bobs Lead-Gesang. Das bemerkenswert unruhige Gemurmel des Publikums, das anscheinend auch nachträglich nicht weggemischt wurde, vermittelt das Gefühl, als würde Bob inmitten der Menge spielen und nicht auf der Bühne. Und den Eindruck hatte man letztendlich auch.

Burnin' And Lootin'

Marley

Obgleich sich *Burnin' And Lootin'* sehr genau an die Version hält, die auf *Burnin'* zu finden ist, zeigt sich der Song, der Bob in seine erste gurrende, trance-ähnliche Improvisation des Abends führt, hier ein wenig durcheinander und stümperhaft. Auch wenn der Partygedanke nur noch für die Minderheit erhalten bleibt, der Bobs Zauber immer gegenwärtig ist, so entwickelt die Vorführung dieses Songs doch noch so viel Anziehungskraft, dass seine Botschaft unmissverständlich klar wird.

Them Belly Full

L. Cogill/C. Barrett

Noch ein Song mit einer Botschaft, dieses Mal aus dem Album *Natty Dread*, ganz nah an das Original angelehnt. Bob entfaltet sich gegen Ende mit ständigen Wiederholungen der Zeilen und vorsichtigen Reaktionen der Background-Sänger auf eine Weise, die all denen vertraut werden sollte, die ihn von diesem Zeitpunkt an live erleben konnten. Während dieser Vortrag ein wenig die Spannung der Studio-Versionen vermissen lässt, gewinnt er aber eine gewisse entschlossene Weltlichkeit, je mehr sich die Sänger und die Band im Lauf des Songs aufeinander einpegeln.

Lively Up Yourself
Marley

Da dieser Song, Bobs klassischer Aufruf zur Demonstration der Stärke, den bis dahin größten Applaus erhielt, wird es deutlich, dass er eigentlich als letzter Titel des Abends als Zugabe gespielt wurde und nicht mitten im Set, wie es die Titelliste des Albums suggeriert. Bei Weitem nicht so eindrucksvoll wie die Studio-Versionen, doch genauso aufputschend, mit einer Energie, die sich von einer Band, die ansonsten so oft akkurat wie ein Metronom arbeitete, nicht mehr im Zaum halten ließ und das Tempo gegen Ende unweigerlich anzieht. Bobs Verschwinden am Schluss des Songs stört überhaupt nicht.

No Woman, No Cry
V. Ford

Der Hit. Mit „Touters“ exzellenter Orgel ist und bleibt diese Aufnahme wohl eines der emotionalsten Stücke, die je auf Platte gepresst wurden. Obwohl auch die erste Version auf *Natty Dread* schon wunderbar ist, bleibt doch die reine Anmut und Würde dieser Fassung unübertroffen.

Ein anderer Live-Mitschnitt ist auf *Songs Of Freedom* zu finden. Single: (UK) WIP 6244, (US) IS 037. Von der ersteren gibt es außerdem noch eine 12"-Version.

I Shot The Sheriff
Marley

Als leichter swingender Skank bildet *I Shot The Sheriff* hier das genaue Gegenteil zur straffen, trockenen Fassung auf *Burnin'*, gewinnt dadurch aber als Live-Song neue Lebendigkeit. Mit einem Pianosolo von „Touter“ gegen Ende etwas verlängert, bestätigt die fast schon lässige Art, mit der die Wailers diesen Song darbieten, wie würdevoll und gleichzeitig rebellisch dieser Titel ist: Wie können sie so entspannt klingen und doch die Militanz bewahren? Aber irgendwie gelingt es ihnen, und *Sheriff* wird dadurch nur noch besser.

Diese Version findet man auch auf *Songs Of Freedom*. Die Version des zweiten Abends im Lyceum wurde auf *Talkin' Blues* gebannt.

Get Up, Stand Up
Marley/Tosh

Das einzige Zugeständnis an Tosh auf dieser LP ist ein weiterer leicht militanter Titel. Bob arbeitet mit Peters Text in einer Weise, wie es zum größten Teil ihm selbst entspricht; nie mit Toshs Zorn, stattdessen nüchtern und sachlich, so dass es scheint, als gehöre der Kampf, den man nie aufgeben sollte (*don't give up*), zum Leben dazu und sei nicht nur als Wutausbruch zu verstehen. Die „*Woy-oh!*"-Chöre am Ende fanden später noch Verwendung im Song *Punky Reggae Party*, Bobs Tribut an den New Wave-Rock. Erst wenn der improvisierte Chorus der I-Threes am Ende ausgeblendet wird, begreift man, dass gerade ein großartiges Ereignis der modernen Musik zu erleben war.

Bob Marley & The Wailers: Live!
(Tuff Gong/Island CD 548 896-2, 12. Juni 2001)

Bonus Track: *Kinky Reggae*.

Als ein harter, rauer, zerrissener 7 1/2-minütiger Durchlauf dieses fesselnden Songs wird *Kinky Reggae* auf der Bühne des Lyceum mit der Vorstellung der Band durchsetzt. Zuvor lediglich als B-Seite der Single-Veröffentlichung *No Woman, No Cry* erhältlich (WIP 6244).

Bob Marley & The Wailers: Rastaman Vibration
(Island ILPS 9383, 30. April 1976; Neuerscheinungen: Mango ILPM 9383, CD CID 9383, 30. März 1987; Tuff Gong TGLLP/CD 5, 26. November 1990)

Nachdem Bob mit *Live!* einen ansehnlichen Coup landen konnte, ging er zurück ins Studio, um sein neues Album aufzunehmen, voll mit Songs, die für seine mittlerweile immer weiter wachsende weiße Fanschar komplett neu waren, auch wenn für die jamaikanischen Zuhörer einige davon schon vertraut zu sein schienen. Der Geist des Albums unterschied sich sehr von *Natty Dread*, dem vorangegangenen Studio-Projekt, weniger temporeich und weitaus runder. Für einige war das Album nach der Spannung und Energie seines Vorgängers etwas enttäuschend, doch nichtsdestotrotz gibt es hier Momente, in denen wieder alles zu Marleys Image passt, speziell die beiden letzten Titel des Albums, *War* und *Rat Race*. Bob gab sich nicht mehr so wie früher dem Rock hin, sondern schlug nun wie bei *Johnny Was, Cry To Me* und *Positive Vibration* einen nachdenklicheren Ton an.

Das Album *Rastaman Vibration*, aufgenommen von den Tontechnikern Sylvan Morris und Errol „T" Thompson in den Harry J.- und Joe Gibb-Studios in Kingston und abgemischt von Aston Barrett und Chris Blackwell bei Criteria in Miami, war die erste Marley-LP, auf der einfach nur zu lesen war: „Produced by Bob Marley & The Wailers".

Musiker: Marley, Aston & Carlton Barrett, Tyrone Downie, The I-Threes; Alvin „Seeco" Petterson (Percussion), Earl „Chinna" Smith, Donald Kinsey, Al Anderson (Gitarren); Tommy McCook, Glenn Da Costa, David Madden (Bläser).

Positive Vibration

V. Ford

Ein undeutlich singender und gelassen wirkender Bob formuliert eine Botschaft, die denen der positiv angehauchten Rapper der späten Achtziger bemerkenswert ähnlich ist, und erklärt hier Konfrontationen zu den Waffen des Teufels. Mit einem scheinbar ziellos improvisierenden, trägen Moog zwischen den Gesangsparts, einem Drum-Beat, der auf eine nahezu unhörbare Hi-Hat und eine schwere Bass-Drum reduziert und mit durchdringenden Handtrommeln verstärkt wurde, ist dieser Song entschieden zu undramatisch für den Anfang eines Albums und damit schon fast die musikalische Antithese zum Titel. Es ist nach dem leuchtenden Vorbild von *Natty Dread* gewiss kein idealer Eröffnungssong und es mangelt ihm außerdem an echter Tiefe. Sowohl *Positive Vibration* als auch der folgende Titel werden V. Ford zugeschrieben, also dem Vincent Ford, der für *No Woman, No Cry* (siehe *Natty Dread*) verantwortlich gewesen sein soll. Auch als Single in Großbritannien erschienen (WIP 26348).

Roots, Rock, Reggae
V. Ford

Den Text verwendete Bob auch bei *Rainbow Country* (LP: *The Upsetter Record Shop Part II*). *Roots, Rock, Reggae* richtet dabei fast so etwas wie eine Bitte an das amerikanische Musikbusiness mit den mehrfach wiederholten Worten: *Play I on the R&B*, was so viel bedeutet wie: Nehmt mich in das schwarze amerikanische Radioprogramm mit auf. Der Song ist so schwach wie solche Titel im Allgemeinen.

Er erschien als Single auch bei Island (UK & US) (WIP 26348, WIP 6309; IS 060 beziehungsweise 072) und als jamaikanische Tuff Gong-Single.

Johnny Was
R. Marley

Dieser Song wurde R. Marley (Rita) zugeschrieben, wohingegen Bob Marley lediglich mit *Cry To Me* und *Night Shift* bedacht wurde, beides ältere Songs, die Bob kaum hätte verleugnen können, was eigentlich nur wieder auf eine Flucht vor dem Cayman-Vertrag hindeutet. Bei *Johnny Was* dreht es sich um den Tod eines Sohnes; so schlicht, dass es kaum brutal klingen konnte. Die Story: Ein jamaikanischer Ghetto-Rudie wird auf der Straße erschossen und lässt eine Mutter zurück, die sich fragt, was sie wohl falsch gemacht hat. *Wondering how she can work it out now that she knows that the wages of sin is death, the gift of Jah is life*, klagt Bob mit der festen Behauptung, dass alles niemals so gekommen wäre, wenn dieser Junge als Rasta aufgewachsen wäre.

Die Akkord-Strukturen kehren zurück zu Bobs R&B-Tagen und ähneln am Ende in gewisser Weise denen des Songs *I'm Still Waiting* (siehe *The Wailing Wailers*). Der Text bietet einen fundamentalen Einblick in Bobs Rasta-Glauben, was möglicherweise bei manchen Anstoß erregen mag. Doch wie dem auch sei, es war ganz gewiss ein Teil seiner niemals unkomplizierten Persönlichkeit. Musikalisch ist dieser Song wegen seiner Flanger-Effekte und der Drum-Maschine interessant. Jeder behauptet, bei diesem besagten Johnny handele es sich um Carlton „Bat Man" Wilson, Bruder des Sängers Delroy und aktiver Rudie, der nach einer Schussverletzung gezwungen war, sich zur Ruhe zu setzen. Beweise, die diese Geschichte untermauern könnten, sind schwer zu finden.

Auch auf *Songs Of Freedom* und als 7" (UK WIP 6296).

Cry To Me
Marley

Eine weitere Rückschau auf Bobs Mittsechziger-Ära, dieses Mal mit einer einfachen Cover-Version des Wailers-Songs von 1966 (siehe *The Best Of The Wailers*). Es war nie Bobs spannendstes Stück, und ohne den Gesang von Bunny & Peter, der hier durch die irgendwie anmaßend wirkenden I-Threes ersetzt wurde, klingt dieser Song ausgesprochen schwach. Möglicherweise litt Bob damals unter einer Art Schreibblockade, obwohl es in seiner Vergangenheit durchaus bessere Titel gab, auf die er hätte zurückgreifen können. Dieser jedoch klingt fast so – ähnlich wie *Positive Vibration* –, als habe Bob einfach ein paar Sachen im Studio aufgenommen, ohne sie wirklich veröffentlichen zu wollen.

Auch als 7" in UK & US (WIP 6296/IS 060).

Want More
Aston Barrett

Dieses langsame, gedrückte Stück befasst sich mit der Gier und der Eifersucht. Die basslastige, rührselige Melodie zeigt hier einen düster wirkenden Marley, obgleich der durchdringende Gesang den Titel belebt. Der Song selbst fällt gegen Ende jäh ab und macht

Platz für etwas, das wie eine Bass- und Drum-Dub-Version klingt, den minimalistischen Produktionen des Albums *Soul Rebels* nicht gerade unähnlich. Er enthält außerdem ein paar nennenswerte bluesige Gitarrenlicks von Donald Kinsey, die jedoch mehr oder weniger im Mix untergehen.

Crazy Baldhead

R. Marley

Eingeleitet mit einem gespenstischen Heulen wird die zweite Seite der Vinyl-Pressung des Albums urplötzlich besser. Hier zeigt sich Bob wieder einmal als militanter Kämpfer der Rasta-Bewegung, mit einem Song, der von Johnny Clarke (1977) als Cover-Version übernommen wurde und der in dieser Fassung der Reggae-Welt vermutlich geläufiger ist als das Original (ein weiterer Titel, der Rita zugeschrieben wurde). Auch hier auf diesem Album handelt es sich jedoch nicht um einen völlig neuen Song: Ein Großteil der Strophen stammt aus dem Stück *Freedom Time*, jene frühe (1967) selbstproduzierte Single, die wohl immer eine der ausdrucksvollsten und aufbauendsten Marley-Vorstellungen bleiben wird. Die Zeile *Chase those crazy bunk-beds* bezieht sich auf die Präsenz des Militärs in Jamaikas Straßen. Fast schon eine Hymne, die bereits von einigen Boxern dazu benutzt wurde, ihren Einzug in den Ring imposanter wirken zu lassen.

Auch auf *Rebel Music* und *Songs Of Freedom*.

Who The Cap Fit

A. Barrett/C. Barrett

Ein weiterer Blick zurück: *Who The Cap Fit* ist ein Remake einer obskuren Wailers-Single mit dem Titel *Man To Man* (1971), die damals für das Upsetter-Label eingespielt wurde. Trotz einiger überaus altmodischer Synthie-Streicher-Sounds ist dies hier eine beachtliche Steigerung zu *Cry To Me*, der vorhergehenden Cover-Version auf dieser LP. Einfach nur deswegen, weil die Stimmen der I-Threes dieses Mal in genau dem richtigen Verhältnis zum Hauptgesang abgemischt wurden. Die leichte, lakonische Stimmung ist fast identisch mit der des Originals, auf dem die Barrett-Brüder vermutlich ebenfalls schon mitgespielt hatten und deswegen wohl hier auch als Urheber dieser Aufnahme genannt werden. In den USA auch als 45er-Single (IS 072) sowie auf *Songs Of Freedom* erschienen.

Night Shift

Marley

Ein Remake des Songs *It's Alright* (von *Soul Rebels*) und weit weniger erfolgreiche Cover-Version als *Who The Cap Fit*. Das Original kam als ein sparsam instrumentiertes funky Stückchen daher, dieses hier hingegen wirkt als schwerfälliger und irgendwie ermüdender Skank. Der Song, in dem Bob die Rolle eines Gabelstaplerfahrers übernimmt, bezieht sich wahrscheinlich auf die Zeit, als Bob 1966 in Delaware bei Chrysler Nachtschichten gearbeitet hat, und auf seinen Job in der Stadt im Lager, bei dem er einen Gabelstapler bediente.

War

A. Cole/C. Barrett

Als zweiter unbestreitbarer Marley-Klassiker dieses Albums bezieht sich der Text von *War* (obwohl er Alan „Skill“ Cole, dem jamaikanischen Fußballer, und Bobs Schlagzeuger Carlie Barrett zugeschrieben wurde) auf Kaiser Haile Selassies Rede vor der UN im Jahr 1968. Auch wenn der Song hier das Feuer der Live-Versionen vermissen lässt, war Bobs Interpretation immer noch stark genug, ihn zu einer Hymne avancieren zu lassen.

In Jamaika auch als 7"-Tuff Gong-Single veröffentlicht, auf *Songs Of Freedom* zu finden und als Live-Version umbenannt in *No More Trouble* auf *Babylon By Bus/Rebel Music* erschienen.

Rat Race

R. Marley

Bob macht sich Gedanken über das Wettrüsten der Völker (*arms race*) und bezeichnet es als Aufrüsten der Verräter (*rat race*). Die Geschichte vom Übergang der kollektiven Sicherheit zur unerwarteten

Zerstörung gibt einem das Gefühl, dass hier ein wirklich großartiger Song (Rita zugeschrieben) nicht ausgereizt werden konnte, weil er nicht bis ins letzte Detail durchdacht wurde. Nun denn, letztendlich hat er seine Wirkung getan. Der Gesang wirkt so apathisch, dass er an manchen Stellen wie echte Verzweiflung klingt.

Auch auf *Rebel Music* und *Songs Of Freedom.*

Bob Marley & The Wailers: Rastaman Vibration Deluxe Edition

(Tuff Gong/Island Doppel-CD 440 063 446-2, 26. November 2002)

Disk 1: *Positive Vibration, Roots, Rock, Reggae, Johnny Was, Cry To Me, Want More, Crazy Baldhead, Who The Cap Fit, Night Shift, War, Rat Race, Jah Live, Concrete, Roots Rock Reggae* (unveröffentlichter Single-Mix), *Roots, Rock, Dub* (unveröffentlichter Single-Dub-Mix), *Want More* (unveröffentlichter alternativer Album-Mix), *Crazy Baldhead* (unveröffentlichter alternativer Album-Mix), *War* (unveröffentlichter alternativer Album-Mix), *Johnny Was* (unveröffentlichter alternativer Album-Mix).

Disk 2: *Live At The Roxy*, Hollywood, Kalifornien, 28. Mai 1976

Introduction, Trenchtown Rock, Burnin' And Lootin', Them Belly Full (But We Hungry), Rebel Music (3 O'Clock Roadblock), I Shot The Sheriff, Want More, No Woman, No Cry, Lively Up Yourself, Roots, Rock, Reggae, Rat Race, Smile Jamaica Sessions, Smile Jamaica (Part One), Smile Jamaica (Part Two).

Disk 1 ist reichlich ausgestattet mit alternativen Mixes einschließlich dem Song *Concrete*, der Dub-Rückseite von *Jah Live* (WIP 6265), bei dem sich Lee Perry mit elektronischem Exhibitionismus völlig zurückhält, den Rhythmus laufen lässt und Bob selbst dabei fast in den Hintergrund drängt, da sein Gesang sehr stark mit Hall belegt wurde, um die beeindruckende emphatische Kraft darin noch zu steigern. Vier Minuten pure Poesie: *Jah live. Jah live. Jah live. / Rasta live. Rasta live. Rasta live. / Selassie I live. Selassie I live. Selassie I live.*

Disk 2 ist eine komprimierte Zusammenfassung eines Live-Sets vom amerikanischen Teil der *Rastaman Vibration*-Tour 1976, als Bob Marley & The Wailers endlich auch in den USA erste Zeichen setzten. Das Set endet mit dem langsamen *Smile Jamaica* (und seiner Version).

Bob Marley & The Wailers: Rastaman Vibration

(Tuff Gong/Island CD 548 897-2, 12. Juni 2001)

Bonus Track: *Jah Live.*

Bob Marley & The Wailers: Exodus

(Island ILPS 9498, 3. Juni 1977;
Neuveröffentlichungen: Mango ILPM 9498,
30. März 1987; CD CID 9498, 19. Januar 1987;
Tuff Gong TGLLP/CD 6, 26. November 1990)

Zwischen den Aufnahmen von *Rastaman Vibration* und *Exodus* waren einige Veränderungen im Gange. Nach langen Tourneen zur Unterstützung von *Rastaman Vibration* kehrten die Wailers im Herbst 1976 zurück nach Kingston und fanden Jamaika wegen einer anstehenden Wahl (am 16. Dezember) im Ausnahmezustand vor. Das Album *Rastaman Vibration* konnte sich in Amerika besser verkaufen als seine Vorgänger, doch der Promotionstress hatte die Band geschafft. So war zu befürchten, dass die nachfolgende LP mehr noch als *Rastaman Vibration* ein müdes, undramatisches Album werden würde, doch das Schicksal wollte es anders.

Am 3. Dezember stürmten zwei bewaffnete Eindringlinge in Bobs Haus in der Hope Road 56 in Kingston und eröffneten das Feuer. Bobs Manager Don Taylor wurde fünfmal getroffen. Zwei Kugeln verfehlten Bob, doch die dritte streifte seine Brust und blieb in seinem Arm stecken. Rita Marley, die sich im Hof befand, bekam ebenfalls einen Streifschuss am Kopf ab. Nach dem Auftritt der Wailers zwei

Tage darauf beim „Smile Jamaica Festival", für das sie schon seit Monaten gebucht waren, verließ Bob das Land, um in Amerika zu genesen, und begann dann im Februar 1977 in London mit seiner Arbeit an dem neuen Album.

Exodus war Marleys vollständigstes spätes Werk. Der Titel, mit dem Bob sein Exil anhand einer religiösen Geschichte aus dem Alten Testament ausschmückte, sprach für sich. Der Gedanke des „so-tun-als-ob", der für einige Fans bei *Rastaman Vibration* auffällig wurde, war komplett verschwunden und konnte durch eine Würde und Intensität ersetzt werden, die die Musik nur vorantrieb. Der Titeltrack selbst war eine neue komplizierte Synthese aus Reggae und Funk, die bei den schwarzen amerikanischen Radiostationen häufige Ausstrahlung nach sich zog. Es gab natürlich auch eine leichtere Seite der Musik mit *Three Little Birds, Jamming, Waiting In Vain* und vielleicht noch *One Love,* die sich nach und nach alle als Riesenhits entpuppten. Bob war nun wieder zurück auf seinem Kurs, künstlerisch wie auch kommerziell, und das Attentat auf ihn hat bei seiner musikalischen Wiedergeburt möglicherweise eine entscheidende Rolle gespielt.

Marley hatte sich für einige Projekte erneut mit Lee Perry zusammengetan, dessen Einfluss an manchen Stellen des Albums deutlich zum Tragen kommt. Darüber hinaus mag die Begegnung mit dem Tod Bob zu der Überzeugung gebracht haben, dass jeder Mensch nur eine begrenzte Zeit zur Verfügung hat, um seine Botschaft anderen zu übermitteln – diese Message ist auf *Exodus* weitaus deutlicher als auf jedem anderen seiner Alben. Wie es schon *Roots, Rock, Reggae* auf der vorigen LP andeutete, war es Bobs oberstes Ziel, den amerikanischen Markt zu knacken. Allein die Art wie *Exodus* aufgebaut war, mit Überblendungen von einem Song zum nächsten und mit einer wohl durchdachten Balance aus Liedern mit einer Botschaft und Liebes- oder Partysongs weckt das Gefühl, dass irgendjemand bei Island – oder aber Bob selbst – intensiv darüber nachgedacht hatte, wie Amerika verführt werden könnte. Und sowohl der Titel des Albums als auch seine biblischen Assoziationen spiegelten zusätzlich noch Bobs damalige Heimatsituation wider: Jamaika war damals viel zu gefährlich für ihn.

Vermutlich aufgrund der großen öffentlichen Nachfrage produzierte die kanadische Band Chalawa mit ihren eigenen Rhythmus-Tracks eine Dub-Version der LP (*Exodus Dub*). Obgleich die musikalischen Strukturen von *Exodus* sich nicht wesentlich von denen des Albums *Rastaman Vibration* unterscheiden, bekommen wir hier eine komplette Story geboten, deren Mixes eine Tiefe ausstrahlen, an der es der vorangegangenen LP mangelte. Und natürlich klingt Bob unglaublich inspiriert, ein Faktor, von dem jedes Album profitieren würde.

Aufgenommen: Harry J., Kingston und Island Studios, London. Musiker: Marley, Aston & Carlton Barrett, Tyrone Downie, Earl „Wire" Lindo, Alvin „Seeco" Patterson, The I-Threes; Junior Marvin (Gitarre); David Madden, Vin Gordon, Glen Da Costa, Dick Cuthell (Bläser). Vielleicht auch: Phil Ramacon, Ibo Cooper (Keyboards); Angus Gaye (Drums); Cat Coore (Gitarre).

Produziert von: Bob Marley & The Wailers. Alle Songs von Bob Marley, sofern nicht anders angegeben.

Natural Mystic

Indem *Natural Mystic* eingeblendet wird, bekommt der Song eine hypnotische Intensität. Mit einfachen musikalischen Wiederholungen, doch so kraftvoll wie alles, was Bob bislang für Island aufgenommen hatte, steigt hier über einem Rasta-Camp in Jamaika förmlich der Rauch auf, auch wenn der Song in London eingespielt wurde.

Diese Version findet man auch auf dem Album *Songs Of Freedom*, doch es ist nicht die einzige Variante des Stücks, die Bob in dieser Zeit auf Band brachte. Es wurde gemunkelt, Bob habe in Lee Perrys Black Ark Studios eine komplette LP aufgenommen und die einzelnen Tracks seien im Laufe der folgenden Jahre nach und nach aufgetaucht. *Natural Mystic* war wohl einer davon und die alternative Version, ebenso feurig wie diese Aufnahme hier, doch vielleicht mit nicht so komplizierter Intensität, erschien schließlich im Jahr 1986 als 12"-Single (Daddy Kool Records UK). Sie war außerdem zusammen mit *Rainbow Country* (siehe *The Upsetter Record Shop – Part II*) sporadisch auf verschiedenen europäischen Billig-Samplern erhältlich sowie auf von Perry produziertem älterem Marley-Material.

So Much Things To Say

Sanfter und wärmer als bei *Natural Mystic* schimpft Bob über die *Spiritual wickedness in high places,* wobei Bobs Hauptstimme von den I-Threes unterstützt wird. Interessanterweise vereinigt der intensive, frei vorgetragene Lead-Gesang und die in bestimmten Zeilen aufeinander abgestimmte Wortwahl die Arbeiten von Culture und Burning Spear in sich, beides Gruppen, die sich zum Zeitpunkt der Aufnahme dieses Albums ganz oben auf der Reggae-Rangliste befanden. Der Song erreicht in einer offensichtlichen Improvisation seinen Höhepunkt, bevor ein Drum-Fill uns anscheinend zu dem leiten soll, was wir zunächst für einen Dub-Mix halten, doch stattdessen geht er über in ...

Guiltiness

Perrys Einfluss bei den Flanger-Rhythmusgitarren und den kurzen Staccato-Bläsersätzen durchdringt *Guiltiness.* Marley klingt mittlerweile höchst zuversichtlich: Niemand anders in der Welt könnte ein solches Eröffnungs„triumvirat" von Songs wie dieses hier darbringen. Es ist nur natürlich, dass der Titel *Guiltiness* auf *So Much Things To Say* folgen muss, da seine Thematik ähnlich ist: die unausweichliche Schuld und die zwangsläufige Vergeltung, die der *Big fish who always try to eat down the small fish* erfahren wird.

The Heathen

Das Intro und der Eröffnungs-Chorus von *The Heathen* verrät eindeutig Bobs augenscheinliche Affinität zu Burning Spear und könnte, wenn man einmal das pyrotechnische Gitarrensolo Junior Marvins beiseite lässt, durchaus auch von der Spear-LP *Social Living* stammen. Es gibt aber auch hier eine Intensität, die nur Bob eigen ist, trotz der Leichtigkeit in den Strophen. Diese Melodie ist jedoch anscheinend absichtlich so gewählt, da Bob hier nach den besiegten, von Armut gebeutelten schwarzen Soldaten ruft, die sich erheben und die Barbaren (*Heathen,* Anm. d. Übers.) zurücktreiben sollen.

Mit der Aura echter Bedrohung beim Sprechgesang des Refrains ist dieser Song der perfekte Vorbote für den Titel-Track.

Exodus

Bobs direkteste Stellungnahme zur Rasta-Reintegrations-Doktrin. *Open your eyes, look within / are you satisfied with the life you're living* singt er, und *we know where we're going, we know where we're from* ist in Bobs Augen ein und dasselbe. Die Musik besitzt eine äußerst kräftige Funk-Färbung. Hier ist anscheinend wieder der Einfluss von Lee Perry spürbar, obwohl die Gerüchte, dass Perry diesen Song abgemischt haben soll, sich nicht wirklich durch den Sound bestätigen lassen. Das Stück fand seinen Ursprung in einer Jam-Session im Studio; mit sieben Minuten und 38 Sekunden ist es ein wahrlich episches und nahezu unvergleichliches Werk im Reggae, obgleich Songs über Reintegration sehr häufig sind. Doch bisher hatte noch niemand ein derart religiöses Statement darüber abgegeben, und der Rhythmus lässt fast schon den Marsch der zwölf Stämme Israels erahnen.

In England und den USA auch als 7"- und 12"-Singles (WIP 6390, IXP-7; US IS 089) und in Jamaika als 7" erschienen. Mit Ausnahme der Katalognummer IS 089 befindet sich auf jeder dieser Singles eine Instrumental-Aufnahme auf der B-Seite. Der 12"-Mix ist auch auf *Songs Of Freedom* zu finden.

Jamming

Nach dem Song *Exodus* als Höhepunkt kommt nun die Entspannung. Bob entdeckt wieder den Spaß am Feiern, vergleicht dies mit einem musikalischen Jam, wie es viele amerikanische Funk-Musiker taten, und fügt dem Ganzen noch einen Hauch von Sex hinzu und die Freude an der Einheit der Völker. Ein Riesenhit und obendrein noch maßgeblicher Einfluss für Stevie Wonders *Masterblaster*.

Auf jeden Fall scheint sich Bob hier bewusst unter seinen Möglichkeiten zu bewegen und das Alptraum-Szenario der Schießerei zu meiden (*No bullet can stop us now*). Er trotzt dem Tod – nicht zum letzten Mal. Eine nette Ausblendung mit einem exzellenten Orgelpart schließt den Track ruhig ab. Diesen Song spielte Bob, als er die politischen Rivalen Jamaikas, Michael Manley und Edward Seaga, beim „One Love Peace"-Konzert am 22. April 1978 auf die Bühne holte, in der Hoffnung die Gewalt unter den rivalisierenden Anhängern beider Parteien bändigen zu können.

Auch auf 7"- und 12"-Singles (UK WIP 6410, US IS 092). Der 12"-Mix ist auch auf *Songs Of Freedom* zu finden.

Waiting In Vain

Direkt nach *Jamming* beginnt der Auftakt zu einem weiteren Klassiker, *Waiting In Vain*. Marley kehrt hier zum Thema von *I'm Still Waiting* zurück (aus *The Best Of Bob Marley & The Wailers*), mit einer Sanftheit, die er seit *No Woman, No Cry* nicht mehr an den Tag gelegt hatte; zwar mit ähnlicher Akkordstruktur, aber auf eine durch und durch andere Art. Wenn Marley dazu gezwungen gewesen wäre, den Reggae aufzugeben und es als amerikanischer Soulsänger zu versuchen, so ist hier der Beweis, dass er dieser Aufgabe mit absoluter Sicherheit und ohne Probleme gerecht geworden wäre, mit einer Leichtigkeit und unbekümmerten Kunstfertigkeit, die sich ebenso schnell im dominierenden amerikanischen Disko-Stil hätte durchsetzen können.

Ein Riesenhit in Europa im Jahr 1977 (UK WIP 6402, US IS 092), doch heute ist *Waiting In Vain* ein absolut unterschätzter Song. Das vorangegangene Promo *Advert Mix* ist auf *Songs Of Freedom* zu finden.

Turn Your Lights Down Low

Im auf ein moderates, sanfteres Level heruntergefahrenen Tempo kommt hier eine mit bluesiger Gitarre gespielte Ballade: Bob bahnt sich seinen Weg durch einen Song, der davon handelt, dass er mit einer alten Liebe, die er vernachlässigt hat, einen neuen Anfang sucht. Mit stärkerem Text und festerer Reggae-Struktur wäre dieses Stück vermutlich ein weiteres *Waiting In Vain* geworden, doch bei der schon jetzt derart großen Menge an Hits auf *Exodus* machte sich niemand wirklich Sorgen darum, diesen wohl schwächsten Track des Albums mit durchzuziehen.

Three Little Birds

Wieder ein Hit, allerdings erst 1980 (WIP 6641), nachdem er im Lauf der achtziger Jahre ständig in einer TV-Werbung zu hören war; gleichzeitig eine von Bobs seichtesten Darbietungen. Der Sound der Synthie-Streicher war mittlerweile völlig überholt und die Botschaft des Songs war angesichts dessen, was sich bis dahin in Bobs Leben abgespielt hatte, überaus banal. Doch andererseits strahlt *Three Little Birds* auch eine ganz spezielle Kindlichkeit und Lebensfreude aus. Bob schrieb das Stück auf der hinteren Treppe seines Hauses in der Hope Road 56, während drei kleine Vögel die Marihuanasamen aufpickten, die Bob beim Rollen seiner Joints verlor. Der Text war vermutlich Cindy Breakspeare gewidmet, jamaikanische Schönheitskönigin, Ex-Miss World und Bobs Geliebte.

Als alternativer Mix auch auf *Songs Of Freedom* zu finden.

One Love/People Get Ready

Bob kehrt zurück zu einem alten Studio One-Hit (von der LP *The Wailing Wailers*), hier jedoch mit einem langsamen, würdevollen Geist, wohl das genaue Gegenteil zu dem ursprünglichen wuchtigen Ska-Sound. Der interessante Punkt ist die Erwähnung des Curtis Mayfield-Songs *People Get Ready* im Titel und die dazu passende Autorenschaft Marley/Mayfield. Ein recht ungewöhnliches Zugeständnis, besonders da Mayfields *Keep On Moving* auch immer Marley zugeschrieben wurde. Der Song wurde 1984 als Single veröffentlicht (US: 12IS[X] 169).

Bob Marley & The Wailers: Exodus Deluxe Edition

(Tuff Gong/Island Doppel-CD 314 586 408-2,
16. Oktober 2002)

Disk 1: *Natural Mystic, So Much Things To Say, Guiltiness, The Heathen, Exodus, Jamming, Waiting In Vain, Turn Your Lights Down*

Low, Three Little Birds, One Love/People Get Ready, Roots, Waiting In Vain (unveröffentlichte alternative Version), *Jamming* (Long Version), *Jamming* (unveröffentlichte Version), *Exodus.*

Disk 2: *Exodus Tour,* live im Rainbow Theatre, London, 4. Juni 1977

The Heathen, Crazy Baldhead/Running Away, War/No More Trouble, Jamming, Exodus, Lee Perry Sessions Juli/August 1977: *Punky Reggae Party* (Jamaika 12"-Single), *Punky Reggae Party* (Dub) (Jamaika 12"-Single), *Keep On Moving* (unveröffentlichter Original-Mix), *Keep On Moving* (Dub) (unveröffentlichter Original-Mix), *Exodus Advertisement.*

Keine geringere Autorität als das „Time"-Magazin kürte *Exodus* zum Album des Jahrhunderts, denn es „zieht seine Inspiration aus der Dritten Welt und gibt ihr anschließend weltweit eine Stimme". Die zusätzlichen Tracks weichen klugerweise nicht sehr von dem mittlerweile etablierten Schema ab. Stattdessen wird Disk 1 mit einer Fülle von alternativen Tracks der lange anerkannten Klassiker bestückt, während Disk 2 aus einem 1977 aufgenommenen Live-Konzert im Rainbow Theatre in London besteht. Ebenfalls aus der Zeit in London stammen die von Lee Perry produzierten Tracks *Keep On Moving* und *Punky Reggae Party,* bei denen Bob und Scratch die New Wave-Musik feiern (The Damned, The Jam, The Clash ... auch Dr. Feelgood) und sich damit für das Kompliment der Londoner Punk-Bewegung bedanken, die den Reggae aufgriff und ihn zu ihrem persönlichen Soundtrack machte.

Bob Marley & The Wailers: Exodus

(Tuff Gong/Island CD 548 898-2, 13. November 2001)

Bonus Tracks: *Jamming* (Long Version), *Punky Reggae Party* (Long Version).

Bob Marley & The Wailers: Kaya

(Island ILPS 9517, 23. März 1978; Neuveröffentlichungen: Mango ILPM/CID 9517, 30. März 1987; Tuff Gong TGLLP/CD 7, 26. November 1990)

Nach dem Triumph von *Exodus* ging Bob auf die unausweichliche Welttournee und ignorierte zunächst eine schmerzhaft wieder aufgetauchte Zehenverletzung, die er sich Jahre zuvor bei einem Fußballspiel zugezogen hatte. Nach und nach ließ Bobs Gesundheit während der Tour immer mehr zu wünschen übrig, und als er dann endlich hinkenden Fußes zum Arzt ging, sprach dieser sich für eine Amputation der Zehe aus. Schließlich führte ein anderer Chirurg eine Hautverpflanzung durch, die das Problem zu lösen schien. Bei all diesem Trubel blieb nur sehr wenig Zeit, ein neues Album zusammenzustellen, das zu *Exodus* passte. So ist es kein Wunder, dass *Kaya* an keiner Stelle der bemerkenswerten künstlerischen Blüte seines Vorgängers auch nur annähernd gleichkam. Und tatsächlich stammt fast das gesamte Material aus den gleichen Sessions, aus denen auch *Exodus* entstand.

Sowohl der Titelsong als auch *Sun Is Shining* und *Satisfy My Soul* waren Neubearbeitungen. Der Großteil des restlichen Materials unterschied sich gravierend von der Intensität der ersten Hälfte von *Exodus*, wobei es sich dabei entweder um ausrangierte Liebeslieder oder um anscheinend halbfertige Strophen handelte. Ob Bob sich dabei nicht so sehr viel Mühe gegeben hat ist fraglich und vielleicht wollte er auch lediglich ein Album auf den Markt bringen, das von der Stimmung her anders war. Viele dieser Songs wie *Running Away, Crisis* oder *Time Will Tell* waren möglicherweise ursprünglich nur akustische Kiffer-Jams (also die Rückkehr von *Kaya*?) wie bei den Rasta-„Grounations". Vielleicht hatte Bob aber auch vor, die einzigartige Atmosphäre in einen neuen Kontext bringen.

Obwohl das Album damals sozusagen gemischte Kritiken erhielt, war es immer noch besser als *Rastaman Vibration*, und ein paar der Vorstellungen zählen zu Bobs besten Songs. Auf den originalen Multi-Track-Versionen befanden sich noch eine Menge

Bläsersätze, die bei der Abmischung des Albums jedoch zum großen Teil entfernt wurden.

Die Details zu den Aufnahmen und die Nennung der Musiker entsprechen weitestgehend denen im vorherigen Eintrag. Alle Songs von Bob Marley.

Easy Skanking

Ein seichtes Eröffnungsstück, bei dem Bob an einem Joint zieht, während er bekifft durch einen Song wandelt, der die Heilkraft des Entspannens preist. Es gibt dort ein sehr schönes Saxofon von Glen Da Costa (nicht – wie es das Cover vermittelt – Vin Gordon, der spielt Posaune). Das ist eigentlich schon alles, was man über diesen Song sagen kann. Nicht gerade essentiell, aber durchaus passabel. Auch auf *Songs Of Freedom*.

Kaya

Eigentlich nur eine aufdringlichere Version des alten, um 1971 für Lee Perry aufgenommenen Songs (auf dem Album *Soul Revolution*). Vergangen ist das subtile bekiffte Feeling, auch wenn die flüsternden Background-Stimmen sich sehr zurückhalten; und die schwankende Gangart von Mix und Arrangement tendiert eher zu einem betrunkenen als zu einem bekifften Dread. Die surrenden, fast schon lustigen Synthie-Parts, die immer wieder ein- und ausgeblendet werden, unterstützen diesen Eindruck. Bobs Gesang ist hier auch nicht gerade zufriedenstellend und lässt vermuten, dass dies eher eine Pflichterfüllung ist als eine Rückkehr zu einem geliebten alten Freund. Trotzdem brachte der Song den Ausdruck „Kaya“ als Euphemismus für Rauschgift wieder zurück in die Umgangssprache. Auch als US-Single erschienen (IS 49156).

Is This Love?

Kurioserweise führt die Trackliste der auf der Cover-Rückseite abgedruckten Texte jetzt als nächsten Song den Titel *Sun Is Shining* auf, was einem den Eindruck vermittelt, dass sich da jemand mit zu viel „Kaya“ versorgt und sich über diesen Fehler keinerlei Gedanken gemacht hat, ein Fehler, der auch auf den Neupressungen der LP auftauchte. Der brennende Joint auf der Rückseite des Covers (gemalt von Paul „Groucho“ Smykle, der allerdings als Tontechniker besser bekannt war) war im Übrigen nur eine Notlösung in letzter Minute, da die ursprüngliche Cover-Idee nicht zum Album-Titel gepasst hätte; es sollte dort angeblich ein großes Portrait von Kaiser Haile Selassie erscheinen.

An *Is This Love?*, den wichtigsten Hit der LP, erinnert man sich heute kaum noch, aber damals war er allgegenwärtig. Der Song ist in sich unerbittlich logisch aufgebaut und führt auf diese Weise von einem Part in den nächsten, untermauert von den I-Threes, deren Zeilen sich unweigerlich ins Hirn einbrennen. Ein sorgloser, wundervoller Song, obwohl der Mix seltsamerweise mit unglaublich viel Hall unterlegt wurde, mit einem Haufen kleiner Überleitungen zu den einzelnen Songteilen, bei denen sich die Band offensichtlich nicht sehr wohl fühlt. Trotz allem ein Klassiker. Single (WIP 6420 UK; IS 099). Der Mix mit den vollständigen Bläsersätzen ist auf *Songs Of Freedom* zu finden.

Sun Is Shining

Mit einem weiteren Song aus der Lee Perry-Ära (LP *Soul Revolution*) schwingt Marley seine Locken wieder einmal in Richtung Vergangenheit. In dieser Version ist Peter Toshs einsame Melodika verschwunden und von Junior Marvins gequälter Sologitarre ersetzt worden, während Tyrone Downies Orgel allerdings dem Original von Glen Adams sehr nahe kommt. Der Mix zielt zwar auf einen Dub hin, doch durch das hinzugefügte Rockelement in den Gitarreneinwürfen wirkt er, als handele es sich hierbei um die Reggae-Imitation einer Punk-Band in Kombination mit einer fabelhaften Rhythmus-Truppe. Die kühle, einsame Atmosphäre des Originals ist erhalten geblieben, und der Song ist genauso rätselhaft wie immer: Bob spricht hier über die Liebe, doch wenn die Sonne solche Wärme ausstrahlt, warum dann diese düstere Melodie? Eines der großen Rätsel in Bobs Karriere als Songwriter.

Satisfy My Soul

Noch ein Oldie, auch bekannt unter *Don't Rock The Boat, Rock My Boat* usw. (auf *Soul Revolution*). Diese Version wirkt auf leichte lässige Weise, als habe Bob den Song wie nebenbei hervorgezaubert. Wieder sind die I-Threes sehr deutlich vernehmbar und auch dieser Mix grenzt an eine Dub-Version. Nicht genau wie bei *Is This Love?*, doch Bob ist so unbestritten der Meister seines musikalischen Ziels, dass hier Kritik äußerst unangebracht wäre. Dieses Mal gibt das größere Arrangement dem spartanischen Original die rechte Würze. Single (WIP 6440 UK).

Aus irgendeinem unerfindlichen Grund, vielleicht um dich aus deinen Kiffer-Träumereien aufzurütteln, gibt es nach Ende dieses Songs und somit auch der LP-Seite ein schrilles beißendes Geräusch, als habe man eine Autohupe rückwärts abgespielt. Es wirkt eigenartig beunruhigend, so als wolle man darauf hindeuten, dass unter der perfekten Oberfläche immer noch eine schreckliche Realität existiert. Oder kommt der Gedanke nur, weil in dieser Zeit bei Bob nicht alles wirklich gut lief und wir das heute wissen, auch wenn wir davon damals noch keine Ahnung hatten? Vielleicht ist das auch einfach nur ein technischer Fehler, ähnlich wie die verdrehte Track-Liste, denn so hört es sich eigentlich auch an. Und wenn es so sein sollte, dann ist es eben so!

She's Gone

Nach dem Schock am Ende der ersten LP-Seite erwartet man nun von der zweiten Hälfte des Albums eigentlich eine ernsthafte Attacke, die jedoch nicht kommt. Stattdessen zieht Bob es vor, ein kleines Liebeslied mit einigen Zeilen aus *Three Little Birds* zum Besten zu geben, ohne dabei jedoch in die Banalität abzugleiten. *She's Gone* ähnelt genau der Art von lockeren und vergnügten, romantischen Skanks, die Bob zusammen mit Johnny Nash (auf der *Chances Are*-LP) oder mit Leslie Kong (*The Wailing Wailers*) in den späten sechziger Jahren ausgeheckt hat. Wenn man ein wenig mehr Arbeit in diesen Titel investiert hätte, wäre möglicherweise ein weiterer Hit dabei herausgekommen.

Misty Morning

Mit einem ähnlich natürlichen Feeling wie *She's Gone*, jedoch mit stärker akzentuiertem Rhythmus und mit treibenden Bläsersätzen der Zap Pow-Mitglieder Vin Gordon, Glen Da Costa und David Madden geht *Misty Morning* – ohne zu hetzen – genau in die Richtung, in die der Song gedacht war. Bob singt in einem verschwommenen Mix, der damit ideal zum Titel passt, lediglich eine Strophe, die zweimal wiederholt wird und einen Chorus, der sich hier perfekt einfügt. Und genau das, worum es sich in dem besagten Refrain dreht, ist ein Rätsel: Möglicherweise geht es hier einfach nur um die eigene Unsicherheit, den richtigen Weg zu finden. *Misty Morning* funktioniert zum einen wegen der Leichtigkeit, mit der Bob aufgrund seiner Begabung aus dem Nichts etwas Besonderes erschafft, und außerdem vielleicht, weil es dem Hörer nicht zu viel Aufmerksamkeit abverlangt.

Crisis

Der solideste Skank des Albums und wohl einer der besten Momente der Band. Bob will hier Jah (Gott der Rastafari, Anm. d. Übers.) lobpreisen, ganz egal was auf Erden auch geschieht. Seine Gesangs-Performance, stockend und ausdruckslos, eingehüllt in eine befremdliche dichte Hall-Wolke, wirkt ausgesprochen seltsam, jener Art Gesang sehr ähnlich, die Gregory Isaacs Mitte der Achtziger für sich übernommen hat. Die wahre Attraktion in diesem Song aber ist der Groove, dessen Großartigkeit man auf der B-Seite der Single *Is This Love?* als Instrumental-Version genießen kann (WIP 6420 UK, IS 099 US, 1978).

Running Away

Ein weiterer auffälliger „One Drop"-Rhythmus der Barrett-Brüder macht hier aus einer schwachen Vorlage einen starken Song. *Running Away* wirkt genau wie *Sun Is Shining* eher wie eine ungewohnte Improvisation, bei der Bob wiederholt ein Mantra als Sprechgesang beisteuert: *You running and you running and you running away*. Auch hier erscheint die Gesangsperformance, die in der letzten Strophe in einen eigentümlichen keuchenden Klang verfällt, ziemlich bizarr. Vielleicht hat Bob hier einfach nur etwas ausprobiert und Gefallen daran gefunden. Zur Herkunft des Songs muss gesagt werden, dass das Motiv der sinnlosen Flucht immer schon ein Lieblingsthema in der Reggae-Musik war. Bob wirft sicherheitshalber ab und zu ein paar Brocken des Songs *Who Feels It Knows It* (aus *The Best Of Bob Marley & The Wailers*) mit ein. Sonderbar, und kaum ein Song im herkömmlichen Sinne, aber eigentümlich mitreißend. Auch zu finden auf *Songs Of Freedom*.

Time Will Tell

Für einen folkigen Abschluss des Albums geht es zurück zum Stil von *Burnin'*. Rollende Kongas, gleichmäßige donnernde Bass-drum-Akzente, klimpernde Akustik-Gitarren und Bob, der ein paar Zeilen beisteuert, die sich immer wieder um die Aussage *Think you're in heaven but you're living in hell* drehen. Angeblich entstand dieser Song als eine Art erhobener Zeigefinger für jene, die geplant hatten, ihn zu erschießen. Unter den auf dem Cover abgedruckten Texten steht als letzte Zeile: „To be continued ..." (Fortsetzung folgt ..., Anm. d. Übers.), die 1992 zum Filmtitel für eine Marley-Filmbiografie wurde.

Bob Marley & The Wailers: Kaya

(Tuff Gong/Island CD 548 899-2, 31. Juli 2001)

Bonus Track: *Smile Jamaica (Version)*.

Bob Marley & The Wailers: Babylon By Bus

(Island ISLD 11, Doppel-Album, 1. September 1978. Neuerscheinung: Tuff Gong TGDLP/CD 1, 26. November 1990)

Die Veröffentlichung von *Babylon By Bus* kennzeichnete in der Presse einen deutlichen Wechsel der Einstellung zu Marley. Während es für *Kaya* wenigstens noch gemischte Beurteilungen gab, so zog *Babylon By Bus* nun ganz erbärmliche Kritiken auf sich. Das Album erschien in einer für Marleys Karriere äußerst entscheidenden Zeit. Er hatte sich mittlerweile zu einem der bedeutendsten Publikumsmagneten der Welt entwickelt, auch wenn es ihm, was die Verkaufszahlen anbelangte, noch nicht gelungen war, die Amerikaner vollständig in seinen Bann zu ziehen. In den Medien gab es eine Stimmung, die aus Bobs Live-Auftritten so etwas wie eine Monster-Show machte; und die ihn inzwischen wie viele andere Rock-Acts erscheinen ließ: heute Abend Deep Purple, morgen Abend The Eagles und übermorgen Bob Marley.

Nachdem *Kaya* sich ziemlich gut verkauft hatte, auch wenn es dort anscheinend an starkem, gut ausgearbeitetem Material mangelte – von neuem Material einmal ganz zu schweigen –, und mit einem Live-Album im Gepäck, das im selben Jahr entstand, kam vielen Leuten der Verdacht, Bob sei nun „ideenlos". Ist es denn letztendlich nicht so, dass ein Live-Album nur dafür gut ist, die Fans zufriedenzustellen, wenn man sonst nichts mehr zu bieten hat? Besonders wenn es drei Jahre nach dem letzten erschien? Für einige Beobachter bildete *Babylon By Bus*, dessen Titel aus der Überschrift eines Artikels von Penny Reel in der britischen Musikzeitschrift NME stammte, eine Art Tiefpunkt in Marleys Karriere.

Vorwiegend während einer ausgedehnten Welt-Tournee im Juni 1978 im „Paris Pavillon" aufgenommen, konnte das *Babylon By Bus*-Album sich eigentlich kaum noch mehr von seinem Vorgänger *Live!* unterscheiden. Während *Live!* allerdings ein einzelnes Album war, offensichtlich nur mit dem Ziel veröffentlicht, das Bühnen-Programm kurz und knapp wiederzugeben, bot *Babylon By Bus* gleich zwei LPs der Marley-Show mit all ihrem Pomp und Prunk. Auf *Live!* waren im Gegensatz zu den meisten Reggae-Gigs, bei denen immer wieder zu den „Jah Ras Tafari"-Gesängen aufgerufen wurde, zwischen den einzelnen Titeln kaum Ansagen zu hören, doch bei *Babylon By Bus* sparte man ganz und gar nicht damit, dem Publikum die Gelegenheit zu bieten, sich diesen Gesängen anzuschließen. Die wichtigsten kritischen Argumente gegen dieses Album beziehen sich wohl hauptsächlich darauf, dass keine der Aufnahmen hier besser ist als die Studio-Tracks oder andere Live-Mitschnitte, dass die Songs durchweg gehetzt klingen und – was für eine Marley-Platte sehr ungewöhnlich ist – dass es ihm an Leidenschaftlichkeit mangelt.

Die langgezogenen Songs mögen im Trubel einer Live-Show wahrscheinlich funktioniert haben, doch auf dem Album klingen sie sehr übertrieben. Die Geräusche der Menge sind zu störend, um die Musik für sich selbst sprechen zu lassen, und daher erscheint alles viel zu anonym, um Spannung zu erzeugen. Da ist nichts mehr von der Aufregung und dem Fingerspitzengefühl des *Live!*-Albums zu spüren.

Doch Bobs Karriere in Jamaika setzte sich trotzdem weiter fort, als sei das alles von seiner Rolle unabhängig, die er weltweit spielte. Sein Auftritt am 22. April 1978 auf dem „One Love Peace"-Konzert, bei dem er die Chance ergriff, auf Politiker Einfluss zu nehmen, ist und bleibt der absolute Höhepunkt für Reggae-Fans. Zum ersten Mal nutzten nicht die Politiker den Reggae für ihre Zwecke, so wie sie es viele Male vorher bereits getan hatten, sondern ein Reggae-Künstler – Marley – brachte die Politiker dazu, sich und ihm auf seiner Bühne die Hände zu reichen. Es war eine erzwungene Vereinigung vor 30.000 Menschen, um den Kämpfen und der Gewalt unter den rivalisierenden politischen Banden Jamaikas ein Ende zu setzen. Verglichen damit war das Gemeckere der Rock-Presse vollkommen irrelevant.

Doch die Frage bleibt, warum Island sich dazu entschloss, ein weiteres Live-Album von Bob Marley auf den Markt zu bringen. Damals grassierten Gerüchte, dass andere Labels dem Reggae-Künstler den Hof machten; CBS und Atlantic wurden dabei häufig genannt. Und da Bob außer durch einen Handschlag mit dem Island-Boss Chris Blackwell niemals einen Vertrag unterschrieben hatte, konnte es sich bei diesem Album auch nicht um eine vertragliche Verpflichtung handeln, sondern eher um eine Entscheidung des alten Labels, um im schlimmsten Fall trotzdem noch einigermaßen glücklich zu bleiben. Wie dem auch sei, die Gerüchte waren und sind eben nur Gerüchte. Die Wahrheit ist, dass *Live!* bei den Rock-Fans zu einem Riesenerfolg wurde und dass *Babylon By Bus* ein noch größeres Publikum begeistern könnte, speziell in Amerika.

Produzenten: Bob Marley & The Wailers. Musiker: Marley, Aston & Carlton Barrett, Alvin „Seeco" Patterson, Junior Marvin, Al Anderson, Earl „Wire" Lindo, Tyrone Downie, The I-Threes.

Vollständige Live-Set-Liste: *Positive Vibration, Burnin' And Lootin', Them Belly Full (But We Hungry), Three O'Clock Road Block, War, No More Trouble, Running Away, Crazy Baldheads, Kinky Reggae, I Shot The Sheriff, No Woman, No Cry, Is This Love?, Jamming, Punky Reggae Party, Get Up, Stand Up, Exodus.*

Da sich auf der LP auch noch andere Tracks befinden, die nicht auf der obigen Liste stehen, gehen wir davon aus, dass diese von anderen auf dem Cover vermerkten Live-Auftritten in London, Kopenhagen und Amsterdam stammen. Auch im Live-Set während der Tour: *Easy Skanking.*

Positive Vibration

Von der LP *Rastaman Vibration.* Bob bietet hier eine bestimmtere Performance als bei der Studio-Version, auch wenn der Song immer noch weit unter Bobs Möglichkeiten bleibt. Eine recht merkwürdige Wahl als Eröffnungstitel, jedoch trotzdem zweimal als Anfangsstück genutzt.

Punky Reggae Party

Das einzige Mal, dass *Punky Reggae Party* auf einer LP erschien. Auch wenn der Song, bei dem Lee Perry als Co-Autor fungierte, wegen des enthusiastischen Versuchs, Punk und Skank miteinander zu verbinden, unter Bobs weißen europäischen Fans damals sehr beliebt war, ist dies nicht unbedingt der erste Song, den man auf die Liste der Live-Klassiker Marleys setzen sollte. Als Punk-Platte ist sie nicht weniger glaubwürdig als die meisten Punk-Versionen eines Reggae-Songs, und als Reggae-Platte ist sie etwas besser als die Reggae-Scheiben gegen Ende der siebziger Jahre mit dem Wort „Skinhead" im Titel. Entweder unterläuft Carlie Barrett vor der ersten Strophe ein sehr seltener Fehler oder bei der Bearbeitung ist irgendetwas falsch gelaufen.

Exodus

Von der LP *Exodus*. Ein Live-Track, der eingeblendet wird? Es scheint so, als sei dies bei der Nachbearbeitung geschehen. Diese aufgedrehte Version wird in einem leicht unpassenden Tempo dargeboten und der Sound wirkt nicht so kompakt wie im Original. Der funkige Einwurf gegen Ende ist unnötig. Bobs Gesang klingt belanglos und kommt an die Natürlichkeit seiner besten Songs nicht annähernd heran.

Erschien auch als Promo-Single (IPR 2026).

Stir It Up

Von der LP *Catch A Fire*. Nachdem die Band sich auf der ersten Seite buchstäblich ausgerockt hat, beginnt das zweite Viertel des Albums in einem eher gediegenen Rocksteady-Tempo, auch wenn dieser Song gegenüber dem Studio-Original immer noch etwas zu schnell ist. In Großbritannien als 45er-Single (WIP 6478, 1979) erschienen.

Rat Race

Von der LP *Rastaman Vibration*. Auf jeden Fall ein Song, der nicht so klingt, als müsse er dringend zum Ende kommen. Marley wirkt seriös, auch wenn sich sein Gesang zu Beginn etwas falsch anhört.

In England als 45er-Single (WIP 6478, 1979) erschienen.

Concrete Jungle

Von der LP *Catch A Fire*. Auf fast sechs Minuten ausgedehnt und mit einem komplexen Instrumental-Intro legt die Band hier einen soliden und entspannten Skank vor, dem allerdings durch die Moll-Tonart eine etwas düstere Aura verliehen wird. Bobs Stimme klingt langgezogen und die Passagen der I-Threes wirken zuweilen nicht ganz sauber, doch die Band ist wieder mal großartig.

Kinky Reggae

Von der LP *Catch A Fire*. Der auf dem Album *Live!* schmerzlich vermisste Live-Track, dem lediglich eine einzige Veröffentlichung als Rückseite von *No Woman, No Cry* vergönnt war, schafft es endlich auf eine LP. Wie vorauszusehen ist der Song ein knapper, lässiger Skank, und der erotische Text macht ihn hier zu Bobs bester Performance: Er wirkt absolut natürlich. Auf *Talkin' Blues* gibt es einen noch entspannteren Live-Mitschnitt davon.

Lively Up Yourself

Von den LPs *Natty Dread/African Herbsman*. Nach einer Plattenseite voller Songs, die für ein Rock-Publikum gewiss nicht zu Hymnen werden, liefert Bob nun zum Ende hin einen im Rhythmus und leicht im Tempo veränderten Reißer ab.

Rebel Music

Noch eine Hymne von der LP *Natty Dread*. Bob beginnt mit seinem Part melodisch so, als sei er mit dem Song bereits halb durch. Eine ganz passable Version.

War/No More Trouble

Von den LPs *Rastaman Vibration* und *Catch A Fire*. Nur gelegentlich Dynamit live: Diese Version von *War* ist nicht das intensive Erlebnis, das sie hätte sein müssen. Bob singt engagiert genug, aber niemand anders tut es ihm gleich. Die Überleitung zu *No More Trouble* gibt durchaus einen logischen Sinn. Auch erschienen auf einer Promo-Single (IPR 2026) und auf *Rebel Music*.

Is This Love?

Von der LP *Kaya*. Eine siebeneinhalb Minuten-Version eines tollen Songs, insbesondere das lange Intro, ist einfach zu viel des Guten.

Heathen

Von der LP *Exodus*. Gerade wenn man glaubt, man hätte hier ein Greatest Hits-Set vor sich, wirft Bob die beste Performance des gesamten Albums ein. Leider wird der Titel durch die verzerrten Gitarrensoli von Junior Marvin bis zu einem gewissen Grad verdorben.

Jamming

Von der LP *Exodus*. Möglicherweise fühlte sich Bob von dieser Hymne schon etwas gelangweilt, doch er zeigt keinerlei Anzeichen dafür. Und hier gibt es genau den Drum- und Bass-Mix, nach dem das Album förmlich geschrieen hat; nun steht man da und möchte mehr, ein Verlangen, das der Rest des Albums nicht auslösen konnte. Doch nun am Ende dieser zwei Vinyl-Scheiben ist es leider viel zu spät.

Bob Marley & The Wailers: Babylon By Bus

(Tuff Gong/Island Doppel-CD 548 900-2, 31. Juli 2001)

Bob Marley & The Wailers: Survival

(Island ILPS 9542, 2. Oktober 1979; Neuveröffentlichungen: Mango ILPM/CID 9542, 30. März 1987; Tuff Gong TGLLP/CD 8, 26. November 1990)

Als quasi erster Teil einer zusammen mit den nächsten beiden Alben geplanten Trilogie war *Survival* die erste in Bobs Tuff Gong-Studio aufgenommene LP. Unter dem Original-Titel *Black Survival* verlässt Bob mehr oder weniger die Liebeslied-Texte und den weitschweifigen *Talkin' Blues*-Stil von *Kaya* und wird wieder ernsthafter. Der Sound ist gedämpft, was das Album wieder mehr jamaikanisch und weniger „produziert" wirken lässt als die meisten seiner Vorgänger. Selbst die Rückseite des Covers sieht mehr nach

Reggae aus als seine anderen Island-Alben, auch wenn sie mit mehr als nur einem Foto und einem Entwurf von Neville Garrick, dem von Marley bevorzugten Designer, organisierter wirkt als die meisten jamaikanischen Plattenhüllen.

Bob stellte sich sowohl seinen eigenen Dämonen – in *Ambush In The Night* geht es um den Mordanschlag auf ihn – als auch denen der gesamten Welt: *Zimbabwe* war eine Ode an die aufstrebende Nation, die sich vom Joch des weißen Rhodesien befreite, *Wake Up And Live* war eine Mobilmachung all jener, die sich mit der Armut abgefunden haben. Bob hatte bereits mit dem Krebs zu kämpfen, der ihn letztendlich besiegte, was zu diesem Zeitpunkt noch niemand wusste, nicht einmal der Sänger selbst. Doch er stürzte sich in seine Arbeit, da er spürte, dass ihm nur noch eine begrenzte Zeit blieb, um bestimmte Geschehnisse auch außerhalb der Musik zu beeinflussen und vielleicht auch, weil dies die beste Antwort auf die Sorge um bestimmte Dinge war, die sich ultimativ außerhalb seiner oder irgendjemandes Kontrolle befanden.

Produziert von Bob Marley & The Wailers & Alex Sadkin. Aufgenommen bei Tuff Gong.

Musiker: Marley, Aston & Carlton Barrett, Tyrone Downie, Earl „Wire" Lindo, Junior Marvin, Al Anderson, Alvin „Seeco" Patterson, The I-Threes, David Madden, Glen Da Costa, Vin Gordon; Anthony „Sangie" Davis, Errol Brown, Aston Barrett (Gitarren); Headley Bennett (Saxofon); Val Douglas (Bass); Mikey „Boo" Richards (Drums).

Alle Songs komponiert von Bob Marley & The Wailers, wenn nicht anders vermerkt.

So Much Trouble In The World

Musikalisch gesehen ist *So Much Trouble In The World* in gewisser Hinsicht eine Rückkehr in die *Soul Rebels*-Ära. Die wirbelnden Gitarrenläufe verschmelzen, und der treibende Bass erinnert ebenfalls an diese Zeit. Doch der Zwischenteil, eine authentische jamaikanische Funk-Bridge, erinnert an die Tage, als Marley noch von James Brown und den Temptations beeinflusst war – speziell die von Al Anderson gespielten Nonen-Akkorde. Marleys Gesang ist angenehm und ruhig und hat nichts von einer Performance, sondern zieht die

Einfachheit vor – ein weiterer Punkt, der die Rückkehr in eine Zeit vor den kommerziellen Zwängen erkennen lässt.

Die Zeile *million miles from reality* stammt sogar aus dem Song *Cloud Nine* von den Temptations, einem Stück, das Marley durchaus nicht fremd war (siehe *Rebel's Hop* auf der LP *Soul Rebels*). Hier jedoch spricht er nicht von den Drogen an sich, sondern davon, dass zwar Menschen in den Weltraum geschickt werden können – laut Marley ein Ego-Trip –, aber letztendlich hier auf Erden nichts wirklich glatt läuft. Es handelt sich dabei um ein ähnliches Thema wie auf einigen amerikanischen R&B-Aufnahmen, insbesondere bei Clay Tysons *Man On The Moon*, Gil Scott-Herons *Whitey's On The Moon* und Howlin' Wolfs *Coon On The Moon*. Doch statt dieses Motiv zu einem zentralen Thema zu machen, nutzt Bob es lediglich als kleinen Teil einer tiefergehenden Botschaft.

Auch als 45er-UK-Single (WIP 6501) und auf *Songs Of Freedom*.

Zimbabwe

Bob unterstützt hier die scheinbar kurz bevorstehende Zurückeroberung Afrikas durch die schwarzen Freiheitskämpfer und spielt schon bald bei den Unabhängigkeitsfeierlichkeiten Zimbabwes als Anerkennung für seinen Status als einziger Musiker der Dritten Welt, der es zum weltweiten Superstar gebracht hat. Auch wenn der Song nicht zu Marleys wichtigsten Arbeiten zählt, so war er doch zu dieser Zeit angebracht und nimmt einen Platz in der Geschichte der politischen Popmusik ein – besonders jetzt, da viele schwarze amerikanische Musiker (besonders Ice Cube und NWA) sich dazu entschlossen haben, ihre eigenen Kämpfe lieber an der Heimatfront als auf internationalem Boden auszufechten.

Auch als UK-Single (WIP 6597, 7" und 12") und auf *Songs Of Freedom*.

Top Rankin'

Indem Bob einen Reggae-Slogan der siebziger Jahre benutzt, lenkt er die Aufmerksamkeit auf die Trennungs- und Eroberungsmentalität in der jamaikanischen Politik. Wie bei *Jammin'* will er hier sagen, dass man nicht im Reggae verwurzelt sein und gleichzeitig von Trennung reden kann. Die damals in der Reggae-Musik weit verbreiteten Wah-Wah-Gitarren stehen zu weit im Vordergrund, wie auch Carlies Rimshots (Randschläge bei den Drums, Anm. d. Übers.) und die dünne und schrille Bläsergruppe.

Babylon System

Wieder ein fast gesprochener Rasta-Song, obwohl sich Bob dieses Mal mehr auf die Struktur konzentriert als bei *Time Will Tell* vom Album *Kaya*. Der akustische Piano-Sound ist den Produktionen aus seiner Rocksteady-Ära unglaublich ähnlich. Die folkige, fast gospelähnliche Atmosphäre ist ebenfalls eine Neubelebung alter Zeiten und macht deutlich, dass Marley niemals seine Zeit als Jugendlicher vergessen hat, als er stets mit einen Lied im Kopf durch die Gegend lief, während ein anderer Jugendlicher – Tosh – in einem Hinterhof auf der Gitarre klimperte. Im Text wird Babylon als Vampir dargestellt, der den Leidenden auch noch das Blut aussaugt. „Sagt den Kindern die Wahrheit", drängt der Nosferatu-Jäger Bob.

Survival

We're the survivors, the black survivors, meint Bob zu einem militanten Rhythmus, der dem von *Exodus* sehr ähnlich ist. Die Zeilen, in denen es um die Wahl des rechten Lebenswegs geht, und zwar sehr schnell, weil die Zeit nicht unbegrenzt ist, deuten vielleicht darauf hin, dass Bob jetzt schon fühlte, dass *seine* Zeit mittlerweile dahinschmolz. (Ob er sein Schicksal inzwischen kannte und es jetzt realisierte, oder ob er einfach nur glaubte, dass seine Beteiligung selbst an den ganz allgemeinen Dingen der schwarzen Politik vermutlich dazu führen würde, dass ihn eines Tages irgendjemand erschießen wird, ist unmöglich zu wissen.) Nicht so stark wie *Exodus*, aber eine gute Ergänzung.

Auch als Single (WIP 6553, 6597 UK; IS 49080 US) und auf *Songs Of Freedom*.

Africa Unite
Marley

Genau das, was der Titel vermittelt: Vereinigung der schwarzen Bevölkerung in ganz Afrika, natürlich im unausweichlichen Kontext der Rasta-Bewegung. Die Musik selbst wirkt, mit Ausnahme der Flötenmelodie (die vermutlich mit einem Synthie eingespielt wurde), sehr klar und simpel. Auch auf *Songs Of Freedom.*

One Drop
Marley

Reggae und Einigkeit mit einem gewaltigen heiseren Chorus wie schon in *Jammin', Trenchtown Rock, Lively Up Yourself* und vielen anderen. Der Text ist außerdem ein Tribut an Carlie Barretts Drum-Stil, der als Meister der „One Drop"-Technik galt. Lee Perry beanspruchte später die Autorenschaft und coverte den Song.

Auch als Single (WIP 6610, 7" und 12" UK, IS 49156 US) und als jamaikanische Tuff Gong-Single mit einer Dub-Version, beide auch auf *Songs Of Freedom* zu finden.

Ride Natty Ride
Marley

Rasta im Einsatz, mit einer heulenden Blues-Harp (wahrscheinlich Lee Jaffe) und einer einzelnen, exzellenten Posaune (Vin Gordon). Der Song wandert mit einigen Textteilen aus *Cornerstone* (*Soul Rebels*) von Takt zu Takt und prophezeit ein apokalyptisches Feuer. Die I-Threes sind in bestechender Form und klingen hier teilweise ähnlich wie Aretha Franklins Sweet Inspirations. Schade nur, dass sie hier nichts anderes zu tun bekamen, als Bobs Zeilen zu wiederholen.

Erschienen auch auf *Rebel Music.* Der 12"-Mix (von der britischen Single WIP 6610) ist auf *Songs Of Freedom* zu finden.

Ambush In The Night
Marley

Indem sich Bob hier auf seine Begegnung mit einem bewaffneten Mann bezieht, greift er diejenigen direkt an, die den gewöhnlichen Menschen am liebsten ungebildet sehen und ihn somit hörig genug machen können, andere Menschen im Namen irgendwelcher politischen Parteien umzubringen. Mit einem kräftigen, harten „One Drop" und einem klimpernden Clavinet zur Unterstützung ist dies wahrscheinlich der beste Song des Albums.

Auch erschienen unter dem Titel *Ambush* auf einer 7"-Tuff Gong-Single mit einem Dub-Mix auf der B-Seite.

Wake Up And Live
Marley/Anthony Davis

Ein weiterer *Exodus*-ähnlicher Song windet sich um einen einzigen Lauf, mit hautengen Bläsersätzen, die den notwendigen Kontrast bieten. Doch irgendwie scheint das Ganze trotz der starken Aussage nicht so recht zu funktionieren. Bob drängt die Band in einen treibenden Funk und die Backing-Vocals ähneln denen von James Brown im Song *Funky President*. Hier beschleicht einen insgeheim die Vermutung, dass Bob nicht nur beginnt, seine Funk-Vergangenheit zu plündern, sondern gleichzeitig noch ein Auge auf Amerika wirft. Co-Autor Anthony Davis war damals bei Tuff Gong angestellt, Songwriter für die jugendliche Sängerin Nadine Sutherland und früheres Mitglied der jamaikanischen Gesangs-Gruppe The Gatherers.

In der Band (die zunächst als Jam entstand): Val Douglas (Bass); Mikey „Boo" Richards (Drums); „Deadly" Headly Bennett (Saxofon); Aston Barrett und Sangie Davis spielen Gitarre. Auch erschienen als britische 12"-Single (WIP 6597).

Bob Marley & The Wailers: Survival
(Tuff Gong/Island-CD 548 901-2, 31. Juli 2001)

Bonus Track: *Ride Natty Ride* (12"-Mix).

Bob Marley & The Wailers: Uprising

(Island ILPS 9596; Neuveröffentlichungen: CD CID 9596, 2. März 1987; Tuff Gong TGLLP/CD 9, 26. November 1990)

Marley, der mittlerweile, wie der Autor Timothy White es ausdrückte, hin und wieder mit „Traurigkeit und Angst“ zu kämpfen hat, beginnt nun mit der Arbeit am zweiten Album seiner geplanten Trilogie, einem weiteren fast durchgehend ernsthaften Werk. Es sollte das letzte Album werden, dessen Veröffentlichung er noch miterleben durfte.

So wie bei all seinen späteren Alben ist auch hier nicht jeder Song großartig, selbst wenn die politischen und gesellschaftlichen Intentionen vermutlich stärker sind als je zuvor. Es gibt jedoch auch hier einige Tracks, die mittlerweile als echte Klassiker gelten. Mit *Bad Card* wirft er einen ironischen Blick auf diejenigen, die er als seine Widersacher ansieht; *Work* weist darauf hin, dass ein besseres Leben sicherlich nicht bloß durch das Verlangen danach erreicht wird; *Could You Be Loved*, das einzige Liebeslied auf dem Album, obgleich es auch einiges aus dem „wirklichen“ Leben beinhaltet, und *Redemption Song*, die Akustik-Ballade, die sich in vielerlei Hinsicht als Bobs Gedenksong erwies.

Das Album zusammenzustellen war nicht immer leicht. Der Island-Boss Chris Blackwell wollte die LP angeblich in ihren Original-Status zurücksetzen, und *Redemption Song* sowie *Could You Be Loved* kamen erst sehr spät hinzu. Blackwell ging es darum, dass das Album etwas verdrossen klang, und der pragmatische Bob musste dem beipflichten.

Es gab außerdem noch ein paar Songs, die es nicht bis auf das Masterband schafften und später auf *Confrontation* landeten. Und es gab Titel, die bis heute nicht veröffentlicht wurden. Mit dem Privileg, ein eigenes Studio zu besitzen, konnte Marley mehr oder weniger ausschließlich mit den Leuten arbeiten, die er mochte, und so kam zur normalen Band auch Carlton „Santa“ Davis für die Drum-Tracks hinzu, während noch mehrere andere Musiker ungenannt an diesem Werk mitarbeiteten. Wie auch vieles auf

Confrontation wurden sämtliche Songs zu diesem Album bei den Sessions mitgeschnitten, aus denen auch *Survival* stammte, Bobs letzte kreative Phase im Studio.

Als *Uprising* erschien, ging Marley auf die gewohnheitsmäßige Promotion-Tour, doch er sollte sie nicht mehr zu Ende bringen. Vielleicht war es die Härte und Unschärfe der von Adrian Boot stammenden Fotos auf der Rückseite des Plattencovers, oder vielleicht entstand dieser Gedanke auch einfach nur in der Retrospektive, doch ein Blick in Marleys Gesicht, als er zusammengekauert inmitten der Band sitzt, scheint uns alles zu sagen, was wir über seinen Gesundheitszustand wissen müssen: Der Rest der Band sieht müde aus von der Arbeit; Bob sieht müde aus vom Leben. Seine Stimme klingt etwas dünner als sonst. Es mag nicht nur reiner Zufall sein, dass die Fotografie vor dem Hintergrund eines Sonnenuntergangs abgedruckt wurde. Die Tatsache, dass sich die Musik die Kraft bewahrt hat, wozu auch das Gemälde auf der Cover-Frontseite sehr gut passt, das einen muskulösen Bob zeigt, der sich von der Erde in einen Sonnenaufgang streckt, zeigt deutlich Bobs eiserne Entschlossenheit, sich gegen das Ende aufzulehnen.

Alle Songs von Bob Marley.

Coming In From The Cold

Why do you look so sad and forsaken, when one door is closed, don't you know another is open? Ein heiserer, atemloser Bob umreißt die minimale Bedeutung des einzelnen Menschen im Vergleich zur Größe des Lebens im Allgemeinen, ohne dabei die Wichtigkeit der Gleichstellung aller Menschen zu vergessen. Es könnte fast eine Hoffnungsbotschaft für diejenigen gewesen sein, die er bald würde verlassen müssen. Bob schrieb den Song in Miami, als er sich wegen seiner Fußverletzung – die mittlerweile als Krebs erkannt worden war – dort erholte. *The biggest man you ever did see was once a baby in this life*, singt er zu einem klaren, schnörkellosen Skank. Der Text auf dem Cover enthält übrigens einen Rechtschreibfehler, der vielleicht aus Respekt vor dem verstorbenen Sänger nicht mehr berichtigt wurde, sofern er überhaupt jemandem auffiel.

LEGEND
the best of
BOB
MARLEY
and the WAILERS

BOB
MARLEY
and the Wailers
REBEL MUSIC

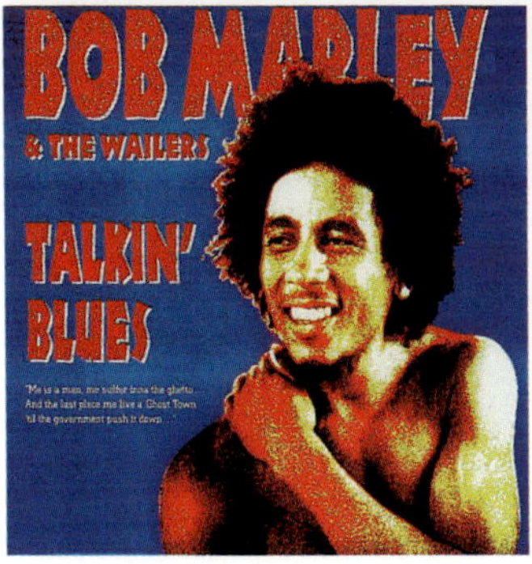
BOB MARLEY
& THE WAILERS
TALKIN'
BLUES

NATURAL MYSTIC
BOB
MARLEY
and the WAILERS

Bob Marley

BOB MARLEY
CHANT DOWN BABYLON

BOB MARLEY
DREAMS OF FREEDOM
AMBIENT TRANSLATIONS
OF BOB MARLEY IN DUB

BOB MARLEY & THE WAILERS
ROOTS OF A LEGEND

Der Song erschien in Jamaika auch als Tuff Gong-Single mit einem Dub-Mix auf der Rückseite. Der 12"-Mix von der amerikanischen Ausgabe der Single (IS 49636) ist auf dem Album *Songs Of Freedom* zu finden.

Real Situation

Bob wird hier auf sachliche Weise religiös. Die Zeile *Once a man, twice a child* im Song ist ein jamaikanisches Sprichwort, das aus der Bibel stammt; Bunny Wailer benutzte es einst auf seiner obskuren Single *All Over* (1971). Eine weitere Botschaft an jene, die Bob überleben werden, taucht in der Zeile *Everything is just for a while* auf, eine geläufige Redensart, die hinsichtlich der kommenden Ereignisse in einem neuen Licht dasteht.

Auch auf *Songs Of Freedom.*

Bad Card

In *Bad Card,* einem der bekannteren späten Marley-Werke, prophezeit Bob den Unterdrückern den unabwendbaren Zusammenbruch ihrer Strukturen – oder zumindest denen, die versuchen, seinen Alltag zu stören. *I want to disturb my neighbour 'cause I'm feeling so right* erinnert ungeheuer an die Zeile *Feel like bombing a church* im Song *Talkin' Blues* (aus dem Album *Natty Dread*), auch wenn Bob hier eher über seine eigene Einstellung zu den Freuden des Lebens spricht als über seine Entrüstung über die Lügen anderer Leute. Mit einem akustischen Klavier wird diesem Skank eine kirchliche Atmosphäre verliehen, wodurch *Bad Card* dem Zuhörer erst nach und nach ins Ohr geht. Es gibt einige großartige Szenen des „Caribbean Nights"-Videos, in denen Bob beim Proben dieses Songs zu beobachten ist.

Auch auf *Songs Of Freedom.*

We And Them

Bob stellt klar, dass es für ihn unter den oberen Zehntausend keine Freunde gibt. Vielleicht entspricht dies nicht ganz der Wahrheit, doch in einem Song, in dem es um die Forderung nach Wiedergutmachung für das Blut armer Kinder und Sklaven geht, sind solche Aspekte weniger von Belang. So wie die meisten Songs auf dieser LP-Seite handelt es sich auch hier um einen klaren, unkomplizierten Skank, auch wenn eine männliche Gesangsgruppe an einer Stelle ahnen lässt, was die originalen Wailers aus diesem Song hätten machen können, wenn sie noch zusammen gewesen wären.

Work

Es war mittlerweile zur Gewohnheit geworden, das solideste und militanteste Song-Arrangement des Albums ans Ende der ersten Seite zu platzieren, und *Work* bildet da keine Ausnahme. Eine bluesige und leicht funky angehauchte Untersuchung der endlosen Arbeit im Leben. Da wird die Frage gestellt, ob man nur arbeitet um zu leben, oder ob man dies für das größere Ganze tut. *If you ain't got nothing to do*, sagt Bob wie ein Prediger in einem Jugendclub, der mit missmutigen, gelangweilten Kids konfrontiert wird: *work, we got some work for you.* Doch wenn man bedenkt – so könnte man argumentieren –, dass der Sänger sich selbst zu Tode gearbeitet hat, anstatt wegen seiner Krankheit Hilfe in Anspruch zu nehmen, so ist *Work* tatsächlich die mutige Darlegung einer Philosophie, in der es als frevelhaft gilt, Jahs Zeit zu vergeuden.

Der Titel *Work* auf der jamaikanischen 7"-Single vom Tuff Gong-Label (1976) ist ein Instrumental-Stück, das ganz und gar nicht mit diesem Song in Verbindung steht.

Zion Train

Indem er wieder zu seinen Wurzeln zurückkehrt, bringt Bob hier eine weitere Variante zu den Zeilen von *This Train/People Get Ready* (siehe *One Love*). Den Song hat man zwar vorher schon mal gehört, doch die tadellose solide Unterstützung der Band macht aus diesem Stück etwas anderes. Carlie Barretts Schlagzeug hat eine derartige Kraft, dass man es hören muss, um es wirklich zu verstehen. Der Text auf dem Cover bietet gegen Ende des letzten Chorus ein paar Zeilen, die wie Mayfield-Lyrics klingen, die jedoch auf dieser LP nicht zu hören sind, weil der Song zu früh ausgeblendet wurde.

Pimper's Paradise

Bob hat sich in seinen Aufnahmen recht selten kritisch über Frauen geäußert. Deswegen ist der Song *Pimper's Paradise*, in dem es um die gefühlsmäßige Abwendung von einer Frau geht, die aufgrund ihres eigensinnigen Lebensstils zum potentiellen Opfer eines Zuhälters wird, fast schon einmalig. Trotzdem handelt es sich hier nicht um einen verbissenen Angriff und Bob möchte am Ende lediglich klarstellen, dass in diesem Fall sowohl der Ausbeuter als auch das Opfer die Schuld an der Misere trägt. Es ist eigentlich unnötig zu erwähnen, dass diese Einstellung eine Philosophie ist, die sich komplett von der Ideologie der Rapper abgrenzt, die ein Jahrzehnt später versuchten, die Zuhälterei hoffähig zu machen.

Could You Be Loved

Could You Be Loved, eingebettet in den Sound eines quäkenden Clavinets und angezerrter Gitarre, bescherte dem Album *Uprising* eine Hit-Single. Der Sound klingt ein wenig schrill, was darauf hindeutet, dass der Song während der Mastering-Arbeiten wohl etwas schneller gemacht wurde. Falls sich das für Sie eher unwahrscheinlich und streng anhören sollte, so sei darauf hingewiesen, dass Island Records diesen Titel vorher bereits für die LP *Marcus Garvey* von Burning Spear aufgenommen hatte; bis zum heutigen Tage ein kleiner Trick der Plattenfirmen. Doch war das abgesehen davon nicht ein guter Weg, das volle kommerzielle Potential eines Songs auszuschöpfen und dabei mitzuhelfen die LP zu verkaufen, um Bobs Botschaft zu verbreiten?

Auch wenn *Could You Be Loved* wie ein Liebeslied klingt, ist es aber keines: Bob hebt hier stattdessen hervor, wie wichtig es ist, stets man selbst zu bleiben – was allerdings auch leichte Ironie in sich birgt, da beispielsweise die Gitarrenlicks von einem mittelmäßig erfolgreichen Funk-Song „ausgeborgt" wurden und man das Tempo aus kommerziellen Gründen angezogen hat. Wie dem auch sei, es funktionierte. Bobs

Lied war in den angesagten Diskos ein Muss und bot eine Message an, die den anderen Songs fehlte. Der Titel zog übrigens wegen der ungeklärten Besitzrechte einen Gerichtsstreit zwischen Marley und Marleys früherem Verleger Danny Sims nach sich.

Er wurde später noch von der angloamerikanischen Pop-Band Shakespear's Sister gecovert.

Andere Versionen: Ein 12"-Mix erscheint auf *Songs Of Freedom*, ursprünglich von der UK-Single (WIP 6610, später neuveröffentlicht auf US 422-875 676-4).

Forever Loving Jah

Zurück zu den langsamen Skanks mit einem fast brutalen Intro eines Songs, in dem einiges aus Bobs vergangenen Songs wieder aufgegriffen wird: Aus Teilen des jüngeren Songs *Crisis* (von der LP *Kaya*) oder aus der ferneren Vergangenheit *Rudie*, mit der Bibelstelle *What has been hidden from the wise and prudent has been revealed to the babes and suckling*, die *Rudies* Ausblendung bildete (siehe *Best Of The Wailers*). Es ist hier allerdings nicht der einzige Sinnspruch: *Forever Loving Jah* ist ein wahres Lexikon von Zitaten. Geschrieben wurde der Titel kurz nach dem Mordanschlag. Er strahlt eine ganz bestimmte Entschlossenheit und Kraft aus und ist definitiv eines der Highlights der LP. Auch auf *Songs Of Freedom*.

Redemption Song

Auch wenn einige diesen Titel textlich als artfremd ansehen, so zeigt *Redemption Song* wahrscheinlich höchst konzentriert Marleys Charakter – zumindest aber seine spirituelle Seite. Aufgrund der einzelnen Stimme, begleitet von einer akustischen Gitarre, ist der Song gewiss nicht sehr weit entfernt von den Gesängen und gospelähnlichen Chören, die Bobs Karriere begründeten – wie beispielsweise die Rocksteady-Aufnahmen von *This Train* (leider auf keinem Album zu finden), *Rasta Man Chant* (*Burnin'*) und *Time Will Tell* (*Kaya*).

Was die Botschaft betrifft, die Angst vor den menschlichen Torheiten der Kriegsforschung beiseite zu werfen und in den Glauben an eine höhere Macht umzulenken, so wurde bisher niemals ein ausdrucksvollerer Appell, egal welcher religiösen Richtung, konstruiert. Was den historischen Eröffnungsvers betrifft, so wirkt Bob hier angesichts seiner eigenen schwarzen und weißen Herkunft absolut ergreifend. Und vielleicht sagt Bob nicht nur, dass seine eigenen Songs die Erlösung bringen; es scheint sogar, als würde er ältere Songs dieser Art verwerfen. Daher ist die Zeile *Emancipate yourself from mental slavery* auch ein zentrales Thema in Bobs Leben. Sogar die Religion, die man ihm als Kind beibrachte, die Lieder der Erlösung seien falsch gewesen, von denen er selbst sagt, sie waren *All I ever had* („alles was ich hatte"), sie hätten ihn in eine Situation gebracht, aus der weder er noch sein Volk sich befreien konnten.

Was das autobiografische Element betrifft, bezogen auf ihn als Sänger und Freiheitskämpfer, so ist dies nicht Bob als Reggae-*Musiker* wie in *Trenchtown Rock* und *Lively Up Yourself*; hier ist Bob die Musik selbst. Sie war alles, was er jemals hatte, sie war alles, was er jemals war.

Konzeptionell komplex und doch musikalisch simpel beweist *Redemption Song* einerseits Bobs Fähigkeit, sich selbst von mehreren Standpunkten aus gleichzeitig zu betrachten und bietet andererseits Hoffnung und Würde für eine Zukunft, die er persönlich nicht mehr erleben sollte. Es ist verwunderlich, dass dieser Song, der nie in die Hitlisten kam und den man dem Album noch in letzter Sekunde als Schlusspunkt hinzugefügt hat, zu seinem Vermächtnis wurde.

Auch auf Single (WIP 6653, mit einer Band-Version auf der Rückseite, UK; IS 49636 US). Eine Version aus Bobs allerletztem Live-Konzert findet man auf *Songs Of Freedom*. Die Saxofonisten Dean Fraser (1984) und Courtney Pine (1992) haben den Titel ebenfalls gecovert.

Bob Marley & The Wailers: Uprising

(Tuff Gong/Island CD 548 902-2, 31. Juli 2001)

Bonus Tracks: *Redemption Song* (Band Version), *Could You Be Loved* (12"-Mix).

Bob Marley & The Wailers: Confrontation

(Island ILPS 9760, 23. Mai 1983; Neuveröffentlichungen: Mango ILPM/CID 9760, 30. März 1987; Tuff Gong TGLLP/CD 10, 26. November 1990)

Der letzte Teil von Bobs Trilogie erschien posthum. Es war wohl kaum das Album, das Bob ursprünglich im Kopf hatte, obgleich der Titel und Neville Garricks Cover-Gestaltung (Bob treibt im Stile des Heiligen Georgs einen Speer in das Herz eines Drachen) bereits vor seinem Tod geplant war. Die Musik ist ein Mischmasch aus alten und neuen Tracks, von denen bis dahin keiner auf einer LP erschienen war. *Chant Down Babylon* war ein auf *Uprising* nicht verwendeter Titel und *Buffalo Soldier*, der in Europa nachträglich zum Hit wurde, stammte von King Sporty (langjähriger Reggae-DJ und Sänger, der heute in Miami lebt und mit der Soul-Diva Betty Wright verheiratet ist: siehe *Ska Jerk* auf *One Love*); *Blackman Redemption* und *Rastaman Live Up!* waren im Jahr 1978 Ausnahme-Singles für Tuff Gong, obwohl der letztere Song hier ziemlich anders klingt; *Trench Town* wurde im Jahr 1982 von Tuff Gong als 45er-Single veröffentlicht; *Stiff Necked Fools* war ein Song, der einige Jahre lang immer wieder einmal in mindestens zwei verschiedenen Versionen auftauchte.

Es ist zwar unweigerlich ein zusammengeschustertes Album, doch auch nicht mehr als schon *Uprising* oder *Survival*, wobei *Confrontation* mit einer Fröhlichkeit und einem Optimismus aufwartet, an denen es den beiden anderen Alben mangelte. Sein Bezug zu diesen LPs wird mit dem Zitat *„Dem a go tired fe see me face, can't get me out a the race"* bekräftigt, das die Kopfzeile der Texte auf der Rückseite des Covers ziert. Die Zeile stammt aus *Bad Card* vom Album *Uprising* und sagt deutlich, dass seine Botschaft auch nach seinem Tod weiterleben wird, um seine Widersacher zur Einsicht zu bringen.

Alle Songs von Bob Marley, sofern nicht anders vermerkt.

Chant Down Babylon

Ein auf *Uprising* nicht verwendeter Titel. Auf das Thema von *Chant Down Babylon* wird in der Reggae-Musik immer wieder zugegriffen und es besitzt eine Tradition, die bis auf die frühen Zeiten der Rastabewegung zurückgeht, als man unter dem Einfluss des meditationsfördernden Ganja gemeinsam zu Trommeln und anderen zur Verfügung stehenden Instrumenten von Gott und der Welt gesungen hat. Verglichen mit *Rasta Man Chant* (von der LP *Burnin'*) zum Beispiel ist Marleys Version kein Sprechgesang (Chant) als solcher, sondern ein glatter „One Drop“, der die Reggae-Musik als den Boten bezeichnet, von dem Bob erfuhr, dass Babylon zerstört werden muss. Das „One Drop“-Schlagzeug hier stammt ausnahmsweise nicht von Carlie Barrett, sondern von Carlton „Santa“ Davies, was vermutlich erklärt, warum für ihn auf *Uprising* eine Danksagung notiert ist.

Buffalo Soldier

Bob erinnert an die Ankunft der Schwarzen in Amerika und ihre Einberufung in die Armee. Er benutzt einen Terminus, der von den amerikanischen Ureinwohnern stammt und sich zum Schimpfnamen für die Rastas entwickelte. Eine kurze Lektion in Geschichte, die Bobs fröhlichem, bewegtem Skank posthum einen riesigen Hit verschaffte.

Jump Nyabingi

Ein weiterer Song, der lange Zeit ungenutzt in irgendeiner Schublade lag. *Jump Nyabingi* stammt wohl aus der Zeit der Veröffentlichung des Albums *Kaya*, wie die Bläsersätze, die verhallten Rimshots und der damals moderne Moog-Sound belegen. Das Wort „Nyabingi“ bedeutet hier „Rastaman“, auch wenn es ursprünglich die Bezeichnung für die Mitglieder eines bestimmten afrikanischen Stammes war, die in Jamaika Nyahmen genannt wurden. In dem Song dreht es sich vornehmlich um die Einigkeit der Rasta im Tanz.

Mix Up, Mix Up

Wieder ein alter Song, vermutlich aus derselben Ära wie *Jump Nyabingi*, vielleicht auch schon älter. Der Gesang hier ist derart eigentümlich, dass man vermuten könnte, Bob habe ihn lediglich als Pilotspur auf Band gebracht, obwohl er dafür wiederum zu organisiert klingt. Aller Wahrscheinlichkeit nach wurden der Backing-Gesang und der Synthesizer (Streicher) erst später hinzugemischt.

Give Thanks & Praises

Give Thanks & Praises, vermutlich ein später Track um die Zeit von *Uprising*, ist so etwas wie ein Gebet auf Vinyl, bei dem Bob so entspannt klingt, als sei der Song am Ende eines harten Arbeitstages bei einem gemütlichen Joint aufgenommen worden. Die Band unterlegt ihn mit einem harten, aber ebenso entspannten Skank. Sicherlich einer der besseren Tracks, einfach weil er so lässig und friedlich wirkt. Thematisch ist der Titel dem wesentlich älteren Stück *Thank The Lord* (auf *Songs Of Freedom/In The Beginning*) sehr ähnlich. Er wurde bereits 1980 als Demo-Version aufgenommen, jedoch erst 1983 für dieses Album fertiggestellt. Auch auf *Songs Of Freedom*.

Blackman Redemption

Bob Marley/Lee Perry

Im Jahr 1978 als Single erschienen, wurde *Blackman Redemption* von Lee Perry mitgeschrieben und produziert, obwohl hier nur sehr wenig von seiner Handschrift zu erkennen ist. Zwar existiert ein wesentlich typischerer Perry-Mix hiervon, doch der ist lediglich als Master vorhanden und nie veröffentlicht worden. Lyrisch gesehen handelt es sich hierbei wieder mal um eine Lektion in Geschichte und eine Analyse der Rasta-Lehre.

Trench Town

Bob kehrt zurück nach Kingston 12 und bietet eine idyllischere Version des Rasta-Lebens als viele sich je vorstellen können. So entspannt wie die beiden vorangegangenen Tracks, mit schönen Gitarren, warmen und offen klingenden Bläsern und einer eingängigen Basslinie zeigt sich *Trench Town* als der wohl angenehmste und kompletteste Song des gesamten Albums und stammt vermutlich aus denselben Sessions, bei denen auch das Album *Survival* entstand.

Stiff Necked Fools

Bob greift an ... die Reichen? Die Wichtigtuer? Diejenigen mit gestärktem Wechsel-Kragen? Was auch immer sein Ziel ist, Bob klingt sehr selbstsicher in dem Song, der in der Geschichte des Reggaes einen kleinen, aber wichtigen Platz einnimmt, obwohl man ihn nicht von dieser Version her kennt. Vor der Aufnahme dieser Inkarnation von *Stiff Necked Fools* erstellte Bob zusammen mit den Jugendlichen Cleveland Browne (Drums) und Wycliffe Johnson (Keyboards), die versuchen wollten, in der Studioszene Kingstons Fuß zu fassen, ein Demo. Das war das erste Mal, dass sie zusammen gearbeitet hatten. Als Steely & Clevie suchten sie ab der Mitte der achtziger Jahre nach dem Weg, den Reggae-Rhythmus auf elektronische Weise zu erzeugen, so wie die Barrett-Brüder es schon in den frühen Siebzigern taten. Diese Version des Songs ist langsam und minimal genug, um sie als den Vorläufer dieser Art Beat zu bezeichnen, der Steely & Clevie nach oben brachte: Dancehall.

I Know

Sind hier noch mehr Beweise, dass der kommerzielle Druck für den Erfolg in Amerika Bob dazu veranlasste, mit einer Veränderung seines Stils zu experimentieren, oder ist dies nur eine simple Rückkehr in die Mitte der Sechziger zu den Wurzeln des R&B? Nach einem Intro, das sehr an *I Shot The Sheriff* erinnert, brüllt Bob mit seiner höchsten Stimme eine Ballade zu Ehren von Jah, die wahrscheinlich um 1978 aufgenommen wurde. Der Song *I Know*, zur Zeit der Aufnahme sicherlich noch nicht anständig ausgearbeitet, klingt, als sei er für Bob in der vollkommen falschen Tonart und wurde damals bestimmt als eine regelrechte Katastrophe wieder ausgemustert. Es ist sicher der am wenigsten Marley-ähnliche Track seiner Island-Karriere und wohl auch sein schlechtester. Allerdings ist es höchst interessant, dass ein ähnlicher Beat wie der, den Bob hier ausprobierte, die Karriere von Maxi Priest und

Shabba Ranks vorantrieb, zwei Reggae-Stars, denen es gelang, in Amerika riesige Mengen Platten zu verkaufen.

Rastaman Live Up

Bob Marley/Lee Perry

Diese Perry-freie Version der Tuff Gong-Single, die 1978 von Lee Perry produziert wurde, lässt die Lockerheit der früheren Aufnahme vermissen, auch wenn diese Fassung textlich wesentlich weiter entwickelt ist. Mit leicht überzogenem Rhythmus und gekünsteltem Gesang scheint es, als käme dieser Titel ebenfalls aus den Tiefen der *Survival*-Produktion, wie es auch das Thema vermuten lässt. Wahrscheinlich wurde der Song damals wegen des holprigen Gesangs wieder ausgemustert. Der Rhythmus-Track wurde für diese LP 1983 neu eingespielt.

Auch auf *Songs Of Freedom.*

Bob Marley & The Wailers: Confrontation

(Tuff Gong/Island CD 548 903-2, 31. Juli 2001)

Bonus Track: *Buffalo Soldier* (12"-Mix).

POSTHUME SAMPLER

VARIOUS ARTISTS: COUNTRYMAN, THE ORIGINAL SOUNDTRACK FROM THE FILM

(ISLAND MSTDA 1, 1982)

Mit folgenden Marley/Wailers-Tracks: *Natural Mystic, Rastaman Chant, Rat Race, Jah Live, Three O'Clock Road Block, Small Axe,* ein Remix im Nyahbinghi-Stil von *Time Will Tell, Pass It On.*

BOB MARLEY & THE WAILERS: THE BOX SET

(ISLAND BMSP 100, 1982)

Die folgenden Marley/Wailers-LPs waren in einem Set mit unterschiedlichen Covern und Texten zusammengefasst. Es wurden lediglich 10.000 nur für die USA bestimmte Exemplare hergestellt, und trotzdem tauchten in der ganzen Welt immer wieder Kopien davon auf. Nicht zu verwechseln mit anderen Marley-Box Sets wie *Songs Of Freedom* usw. Inhalt: *Catch A Fire, Burnin', Natty Dread, Live!, Rastaman Vibration, Exodus, Kaya, Survival, Uprising.*

THE WAILERS: REGGAE GREATS

(MANGO MLPS 9575, 1984, NUR IN DEN USA)

Eine Zusammenstellung als Teil der Island-Serie „Greats" mit Reggae-Neuerscheinungen, die vermutlich half, die ersten beiden vergleichsweise schlecht verkauften Wailers-LPs für das Label zu promoten. Details wie bei *Catch A Fire* und *Burnin'.* Tracks: *Concrete Jungle, No More Trouble, Get Up, Stand Up, Rock It Baby, Burnin' And Lootin', Small Axe, Pass It On, Midnight Ravers, Stop That Train, Rastaman Chant.*

Bob Marley & The Wailers: Legend

(Island BMW 1, 8. Mai 1984; Picture Disc PBMW 1, 28. Mai 1984; CD CID 103, 27. August 1985; Tuff Gong TGDCD 1, 26. November 1990)

Bobs größte Hits, ursprünglich in ihren Single-Mixes, nicht als Album-Versionen, mit Cover-Notizen von Timothy White & Rob Partridge. Ein ewiger Verkaufsschlager, wie ihn sich jeder Künstler und jede Plattenfirma für ihren Katalog wünschen. Die ursprüngliche amerikanische Ausgabe unterschied sich ein wenig durch Eric Thorngrens Dance-Mixes von *No Woman, No Cry, Buffalo Soldier, Waiting In Vain, Exodus* und *Jamming*. Chris Blackwell hatte diese Mixes in der Hoffnung in Auftrag gegeben, in Amerika damit ein paar verspätete Dancefloor-Hits landen zu können, doch der Erfolg war bescheiden. Die heutige amerikanische Fassung des Albums ist allerdings wieder zum Format der britischen Version zurückgekehrt.

Doch damit ist die Geschichte noch nicht vorbei. Aufgrund eines Versehens bei der digitalen Neubearbeitung von *Legend* wurden zunächst die Album-Tapes angefordert und nicht die Single-Versionen. So kommt es, dass Tracks wie *Could You Be Loved* und *No Woman, No Cry* anders klingen als auf der ersten Pressung.

Tracks: *Is This Love?, No Woman, No Cry, Could You Be Loved, Three Little Birds, Buffalo Soldier, Get Up, Stand Up, Stir It Up, One Love/People Get Ready, I Shot The Sheriff, Waiting In Vain, Redemption Song, Satisfy My Soul, Exodus, Jamming.*

Bob Marley & The Wailers: Legend Deluxe Edition

(Tuff Gong/Island Doppel-CD 586 714-2 2002, 12. Februar 2002)

Disk I: *Is This Love?, No Woman, No Cry, Could You Be Loved, Three Little Birds, Buffalo Soldier, Get Up, Stand Up, Stir It Up, Easy Skanking, One Love/People Get Ready, I Shot The Sheriff, Waiting In*

Vain, Redemption Song, Satisfy My Soul, Exodus, Jamming, Punky Reggae Party.

Disk 2: The Legend Remixes: *One Love/People Get Ready* (Julian Mendelsohn 1984), *Waiting In Vain* (Julian Mendelsohn 1984), *Jamming* (Paul „Groucho“ Smykle 1984), *Three Little Birds/Dub Version* (Julian Mendelsohn 1985), *Could You Be Loved* (Errol Brown & Alex Sadkin 1980), *No Woman, No Cry* (Eric „E.T.“ Thorngren 1984), *Coming In From The Cold* (Eric „E.T.“ Thorngren 1984), *Buffalo Soldier* (Eric „E.T.“ Thorngren 1984), *Jamming* (Eric „E.T.“ Thorngren 1984), *Waiting In Vain* (Eric „E.T.“ Thorngren 1984), *Exodus* (Eric „E.T.“ Thorngren 1984), *Lively Up Yourself* (Eric „E.T.“ Thorngren 1984), *One Love/People Get Ready/Dub Version* (Godwin Logie 1984).

Es ist nur angemessen, dass ein Album, das mit alternativen Mixes ins Leben gerufen wurde, in der Deluxe-Edition auch so viele davon haben sollte, und daher gibt es hier auch weitaus mehr Remixes als man vermuten würde, einschließlich der wiederbelebten „Dance“-Mixes. Es bleibt über das bestverkaufte Reggae-Album aller Zeiten nicht mehr viel zu sagen, außer vielleicht Ian McCanns Kommentar zu wiederholen, dass es ein Verkaufsschlager von der Sorte ist, wie ihn sich jeder Künstler und jede Plattenfirma für ihren Katalog wünschen.

Bob Marley & The Wailers: Legend

(Tuff Gong/Island CD 548 904-2, 21. Mai 2002)

Bonus Tracks: *Easy Skanking, Punky Reggae Party.*

Bob Marley & The Wailers: Rebel Music

(Island ILPS 9843, 16. Juni 1986; Tuff Gong-Neuveröffentlichung TGGLP/CD 11, 26. November 1990)

Bobs größte Hits für all jene mit eher rebellischer Neigung. Nicht der Riesenkassenschlager wie *Legend*, doch trotzdem eine vorzügliche Zusammenstellung. Die Cover-Notizen sowohl auf der britischen als auch auf der amerikanischen Ausgabe schrieb Neil Spencer.

Tracks: *Rebel Music (3 O'Clock Roadblock)* (Paul „Groucho" Smykle Remix), *So Much Trouble In The World, Them Belly Full (But We Hungry), Rat Race, War/No More Trouble* (*Babylon By Bus*-Version), *Roots* (bislang nur als Rückseite der Single *Waiting In Vain* erhältlich), *Slave Driver, Ride Natty Ride, Crazy Baldhead, Get Up, Stand Up.*

Bob Marley & The Wailers: Rebel Music

(Tuff Gong/Island CD 548 905-2, 21. Mai 2002)

Bonus Track: *Wake Up And Live (Parts 1 & 2).*

Bob Marley & The Wailers: Talkin' Blues

(Tuff Gong TGLLP 12, 4. Februar 1991)

Als ein überraschenderweise eher zurückhaltendes Projekt wurden für *Talkin' Blues* Konzert-Aufnahmen, Radio-Sessions und die gelegentlich im Studio nicht verwendeten Songs miteinander kombiniert, um einen zweifellos brillanten Seitenblick auf Marleys frühe Island-Karriere zu gewähren. Die Tracks werden unterbrochen durch 10 Bruchstücke eines Interviews, das der Journalist Dermot Hussey im September 1975 mit Bob führte. Der Großteil des Materials stammt aus einer Live-Session im „Record Plant" in Sausalito, Kalifornien, die im Oktober 1973 für den in San Francisco ansässigen Radiosender „KSAN-FM" aufgenommen wurde.

Die Band trat während der Session wie folgt auf: Bob (Gitarre/Gesang), Peter Tosh (Gitarre/Gesang), Earl „Wire" Lindo (Keyboards), Aston & Carlton Barrett (Bass & Drums) und Joe Higgs (Gesang/

Percussion). Higgs ersetzte Bunny Wailer, der sich zwar zu dem Zeitpunkt noch nicht offiziell von der Band getrennt hatte, jedoch das Touren nicht besonders mochte. Higgs kannte die Wailers bereits aus ihren Anfangszeiten beim Studio One und war weithin als ihr Mentor in der Kunst des Chorgesangs anerkannt. Hier wirken die Wailers so unbedarft, jamaikanisch funky und fühlen sich offenbar pudelwohl, deutlich mehr als jemals sonst bei ihren offiziellen Live-Aufnahmen.

Der letzte Track des Albums, *I Shot The Sheriff*, ist eine Version, die vom ersten Abend der beiden Konzerte im Londoner Lyceum stammt, aus denen das Album *Live!* zusammengestellt wurde. (Mitwirkende Musiker siehe *Live!*) Die restlichen drei Tracks waren bislang nicht genutzte Vorlagen aus den *Natty Dread*-Sessions, von denen eine, *Am A Do*, auch sonst nirgends veröffentlicht wurde. (Mitwirkende Musiker siehe *Natty Dread.*)

Die nett geschriebene Cover-Information verfasste der frühere „Melody Maker"-Journalist Rob Partridge, der während Bobs Blütezeit für Island Records arbeitete und heute britischer PR-Mann für dessen Katalog ist.

Talkin' Blues

Eine Variante des Songs auf der LP *Natty Dread*. Dadurch, dass sie hier ein wenig träger im Tempo ist und in der Machart einen Hauch trockener klingt, wirkt sie sogar noch lässiger als die gewohnte Version. Es gibt keine Akustik-Gitarre, keine Harmonika und der Gesang der I-Threes ist etwas weniger glatt und erscheint daher umso reizvoller. Doch das Interessanteste ist der letzte Teil, der sich textlich komplett von der *Natty Dread*-Aufnahme unterscheidet und in dem, angesichts des Spotts der Welt, der Widerstand der Rastafari angekündigt wird.

Burnin' And Lootin'

Live-Session. Bobs Stimme klingt zu Beginn allein sehr angenehm. Die Skank-Gitarre und das garstige Clavinet sind hervorragend. Die Gesangssätze klingen härter als auf der Studioaufnahme.

Kinky Reggae

Live-Session. Eine sagenhafte Version von einem der am meisten unterschätzten Marley-Songs. Toshs unterstützender Gesang ist herrlich erfrischend. Die Band klingt mit Wires Orgel, die hier die Lücken perfekt ausfüllt, auch nur so groß wie eben nötig.

Get Up, Stand Up

Live-Session. Tosh und Marley zusammen in einer starken Aufnahme ihrer gemeinschaftlich komponierten militanten Hymne.

Slave Driver

Live-Session. Reduziert bis auf ein Minimum vermittelt diese Variante von *Slave Driver* eine geheimnisvolle, gedrückte Atmosphäre, vollkommen anders als bei der *Catch A Fire*-Version.

Walk The Proud Land

Live-Session. Der Studio One-„Rude Boy"-Hymne des abwesenden Bunny Wailer kam mit Bob als Lead-Sänger und Higgs und Tosh als tatkräftige Unterstützung eine knappe, leichte und improvisiert wirkende Bearbeitung zu Gute. Wahrscheinlich wurde es von den Radiohörern überhaupt nicht registriert, dass die Zeile mit der *Ska quadrille* kurzerhand in *Skank quadrille* umgeändert wurde. Bunny sollte damit später auf seiner LP *Sings The Wailers* noch einmal einen Hit landen.

You Can't Blame The Youth

Live-Session. Tosh mit einem Stück, das von den Wailers nicht über Island veröffentlicht wurde, das er jedoch später selbst noch einmal für sein eigenes Intel Diplo-Label aufnahm (1974). In diesem Song, der zum Leidwesen der Plattenfirma definitiv kein Titel des Wailers-Katalogs wurde, verteidigt Tosh die rebellierende Jugend, da ihnen seiner Meinung nach während ihrer

Kindheit ständig Lügen aufgetischt wurden. Wires Keyboards sind hervorragend.

Rastaman Chant

Live-Session. Ungezwungen wie eh und je bewegen sich die Wailers hier gemächlich durch ihren „Grounation"-Gesang (auch bekannt als *Rasta Man Chant/Chant I*) von der LP *Burnin'*.

Am A Do

Ausgemustert aus den *Natty Dread*-Sessions. Als verlangsamter Skank ist dieser auf dem Cover als „in Bearbeitung" gekennzeichnete Song *Am A Do* mit seinem *Do it with your bad self*-Chorus ein weiterer Versuch, Bobs Rock-Stil eines sexy Lovers mit seinem offensichtlichen Hang zum amerikanischen Funk zu kombinieren. Wer weiß, was daraus geworden wäre, wenn dieser Song fertig geworden wäre – vielleicht ein neuer *Kinky Reggae*?

Bend Down Low

Ausgemustert aus den *Natty Dread*-Sessions. Der Wailers-Hit aus der Mitte der Sechziger, hier in veränderter Form, ohne die I-Threes bis auf eine kurze Sequenz, die von einem ungenutzten Track bei der Aufnahme herrührt und in die Flöte übergeht, die allerdings nur bei einem kleinen Teil der letztendlich veröffentlichten Version mitspielte. Der Rhythmus ist alles in allem etwas lockerer als auf *Natty Dread*, und Bob fügt einen nicht nachvollziehbaren Stop ein – möglicherweise nur, um einfach irgendetwas zu ändern.

I Shot The Sheriff

1975 live im Lyceum in London. Stimmlich etwas sanfter als die Studioaufnahme und insgesamt vielleicht einen Hauch aufrichtiger.

Bob Marley & The Wailers: Talkin' Blues

(Tuff Gong/Island CD 548 906-2, 21. Mai 2002)

Bonus Tracks: *Lively Up Yourself, Stop That Train, Bend Down Low* (aufgenommen 1973 live im Record Plant, San Francisco).

Das Album rühmt sich hier nun mit der vollständigen Radio-Session der Wailers für „KSAN-FM". Das Set bildet zu den sonst spezieller auf das Publikum abgestimmten Auftritten der Wailers einen echten Kontrast. Es klingt fast so, als wollte die Gruppe sich selbst dieselbe Freude machen wie sonst der Menge, da sie mit Songs aufwarteten, die damals den amerikanischen Mainstream-Hörern noch völlig unbekannt waren (und vielleicht immer noch sind) wie beispielsweise *Walk The Proud Land* und Toshs *You Can't Blame The Youth*.

Bob Marley & The Wailers: Songs Of Freedom

(Tuff Gong 4-CD-Set TGCBX1, 21. September 1992; in Jamaika auch als 8er-Set auf Vinyl erhältlich, TGLBX1, 10. Mai 1993)

Eine ernst zu nehmende Zusammenstellung von Island, die speziell dafür gedacht war, Material anzubieten, das anderswo nicht zu bekommen war – alternative Mixes, unbekannte, ausschließlich aus Jamaika stammende Veröffentlichungen. Gleichzeitig wollte man versuchen, sämtliche Phasen in Bob Marleys Karriere vom Anfang bis zum Ende detailliert wiederzugeben, was auch gelang.

Verpackt in einem Buchregal-Format, mit Cover-Kommentaren von Rita Marley, Rob Partridge, Timothy White, Chris Salewicz, Rabbit Bundrick und Derrick Morgan ist dies die Song-Sammlung, die alle anderen in den Schatten stellt. Sie erschien als limitierte und nummerierte Auflage von einer Million Exemplaren, von denen zur Zeit des Entstehens dieses Buches 750000 verkauft waren. Falls es Sie interessieren sollte: Bobs Mutter Cedella Booker besitzt die Nr. 1.

CD 1

Judge Not

Bobs erste Single, ein schneller Ska, wie gewohnt geprägt von seiner „Be yourself"-Botschaft. Produziert von Leslie Kong im Februar 1962. Eine Island (UK)/Beverley's (JA)-Single, noch unter dem Namen Robert Marley.

—

One Cup Of Coffee

Bobs zweite Single, in Jamaika unter dem Namen Bob Martell veröffentlicht. Es geht das Gerücht, seine dritte Beverley's-Single mit dem Titel *Terror* sei unter dem Pseudonym Bob Martin erschienen. Details wie voriger Eintrag.

—

Simmer Down

Siehe: *The Wailing Wailers.*

—

I'm Still Waiting

Verkürzte Version. Siehe: *The Wailing Wailers.*

—

One Love/People Get Ready

Siehe: *The Wailing Wailers.*

—

Put It On

Der spezielle Gitarrenmix wie auf dem *One Love*-Album. Siehe: *The Wailing Wailers.*

—

Bus Dem Shut (Pyaka)

Eine der besten und obskursten Wailers-Aufnahmen für ihr erstes eigenes Label Wail 'N Soul 'M. Kein echter Hit in Jamaika, doch das *„Bah bah bah bah bah"*-Gesangskunststück erwies sich als populär genug, um Jahre später im Song *Why Keep A Good Man Down* von den Immortals wieder im Reggae aufzutauchen. Wenn Essen und Trinken zum Leben gehört, fragt Bob über einem würdevollen und sanften Rocksteady-Rhythmus, warum sind dann einige von uns zu *„bus dem shut"* gezwungen, um davon etwas zu bekommen, was soviel bedeutet wie: sie müssen so hart arbeiten, bis ihr Hemd in Fetzen reißt.

Mellow Mood

Die originale Wail 'N Soul 'M-Aufnahme dieses berühmten Marley-Songs, der auch von Johnny Nash übernommen wurde. Wieder einmal handelt es sich hier um einen bemerkenswert blasierten Rocksteady aus den Jahren um 1966-1968, der allerdings genau dafür gefeiert wurde.

Bend Down Low

Siehe: *The Best Of Bob Marley & The Wailers.*

Hypocrites

Siehe: *All The Hits.*

Stir It Up

Die originale Rocksteady-Aufnahme für Wail 'N Soul 'M des Songs, der später von Johnny Nash gecovert und von den Wailers für *Catch A Fire* überarbeitet wurde.

Nice Time

Auf dieser Version ist ein kurzer Vorzähler zu hören. Siehe: *All The Hits.*

Thank You Lord

Die originale, entspannte Version des für das Wail 'N Soul 'M-Label produzierten Songs von 1967. Auch auf *All The Hits* zu finden. Spätere Versionen erschienen auf den LPs *In The Beginning* und *The Early Years 1968-74*, sowie auf einer Trojan-Single und einer 45er-Tuff Gong-Single des Jahres 1972.

Hammer

Dieser 1968 für JAD aufgenommene leichtgewichtige und wenig ansprechende Rocksteady-Titel mit einem irgendwie übersensiblen Chorus und unpassenden Gesangssätzen von Bunny & Rita ist von seiner Idee her dem Song *Small Axe* sehr ähnlich, jedoch weitaus weniger erfolgreich. Es geht das Gerücht, dass es sich hier um eine Demo-Aufnahme handeln soll.

Caution

Siehe: *The Best Of The Wailers.*

Back Out

Siehe: *The Best Of The Wailers.*

Soul Shakedown Party

Siehe: *The Best Of The Wailers.*

Do It Twice

Siehe: *The Best Of The Wailers.*

Soul Rebel

Siehe: *Soul Rebels.*

Sun Is Shining

Siehe: *Soul Revolution.*

Don't Rock The Boat

Siehe: *Soul Revolution.*

Small Axe

Siehe: *African Herbsman.*

Duppy Conqueror

Siehe: *Soul Revolution.*

Mr Brown

Siehe: *Soul Revolution 1 & 2.*

CD 2

Screw Face

Siehe: *The Upsetter Record Shop Part II.*

Lick Samba

Lick Samba aus dem Jahr 1971 ist eine Ode an die sexy Mädchen. Eine als Single sowohl in Jamaika bei Tuff Gong als auch in Großbritannien bei Bullet (BU 493) erschienene Marley-Produktion. Die Wailers werden hier durch Rita verstärkt und zeigen sich in bestechender Form.

Trenchtown Rock

Siehe: *African Herbsman.* Dies ist ein anderer und wahrscheinlich besserer Mix. „Ich habe den Groove", sagt Bob, „und die Welt weiß es inzwischen." Bald schon hat sie es tatsächlich gewusst.

Craven Choke Puppy

Ein solider und handfester Skank, bei dem der Titel Programm ist. Es dreht sich hierbei nicht nur um die Metapher „A craven dog, losing its bone for another it can't get" (in etwa: Ein feiger Hund lässt seinen Knochen verschwinden, bevor ein anderer ihn kriegt), sondern auch um den starken Craven-Tabak, der zu dieser Zeit in Jamaika sehr populär war. Als ein Seitenhieb auf diejenigen, die sich stets das nehmen, was ihnen eigentlich gar nicht zusteht, wurde dieser Song im Jahr 1972 in geringer Auflage bei Tuff Gong veröffentlicht. Davon existiert zusätzlich eine DJ-Version von Big Youth (*Craven Version*, Tuff Gong 1972).

Guava Jelly

Einer von Bobs ganz frühen internationalen Kompositions-Erfolgen, den er zusammen mit Bunny Livingston zu Papier brachte und der von Johnny Nash und Barbra Streisand gecovert wurde. Ein Song voller Insel-Charme; für Außenstehende vielleicht etwas naiv, doch für diejenigen, die es besser wissen, ausgesprochen sexy. Als 45er-Single bei Tuff Gong/Green Door (UK) 1971/1972.

Acoustic Medley

Bislang unveröffentlicht. Bob an der Gitarre, aufgenommen 1971 in Schweden mit einem tragbaren Kassettenrekorder und in Anwesenheit von Johnny Nash und John „Rabbit" Bundrick. Allerdings ist dies kein so einzigartiges Dokument wie es scheint: In den Kellergewölben des Tuff Gong-Labels befinden sich noch mehrere ähnliche Tapes, die vornehmlich in der Hope Road 56 in der Küche aufgenommen wurden. Andeutungsweise und ganz im Hintergrund kann man noch eine weitere Stimme vernehmen, vermutlich die von Nash. Die Songs hier sind: *Guava Jelly*,

This Train, Cornerstone, Comma Comma, Dewdrops, Stir It Up, I'm Hurting Inside.

I'm Hurting Inside

Bob und der unverkennbare Sound des britischen Reggae in seinen saft- und kraftlosen, zensierten Anfangszeiten. Dieser Song, 1971 von Johnny Nash in London aufgenommen und produziert, ist genau das Stück, aus dem die Wailers bereits etwa 1967 für ihr Wail 'N Soul 'M-Label eine wunderschöne Rocksteady-Single gemacht hatten. Dies hier allerdings ist purer Kitsch. Der Mix unterscheidet sich übrigens von dem auf *Chances Are.*

High Tide Or Low Tide

Auch bekannt unter dem Titel *High Seas Or Low Seas* und ursprünglich zur Veröffentlichung auf *Catch A Fire* geplant. Dieses sanfte, kaum nachgemischte und gefühlvolle Stückchen klingt ein bisschen wie eine Demo-Aufnahme. In den Archiven gibt es außerdem noch eine frühere Aufnahme davon. Eine Tuff Gong-Produktion um 1972 und bis zum hier vorliegenden Set unveröffentlicht.

Slave Driver

Siehe: *Catch A Fire.*

No More Trouble

Siehe: *Catch A Fire.*

Concrete Jungle

Siehe: *Catch A Fire.*

Get Up, Stand Up

Siehe: *Burnin'.*

Rastaman Chant

Siehe: *Burnin'*.

Burnin' And Lootin'

Siehe: *Burnin'*.

Iron Lion Zion

Dieser Song, der zu einem späten großen Hit in Europa (1992) wurde, nachdem man ihn nach Bobs Tod noch einmal neu produziert hat, ist hier als grober Skank mit blubbernden Gitarrensounds in seiner originalen und bis dahin unveröffentlichten Fassung zu finden. Die Zeile *My brothers want to be the stars, so they fighting tribal wars* nimmt direkten Bezug auf die beiden kurz zuvor ausgestiegenen Bandmitglieder Bunny und Peter und ist somit eine der ersten Aufnahmen (um 1974), die Bob ohne sie machte. Von diesem Zeitpunkt an gab es nur noch Bob und die I-Threes.

Lively Up Yourself

Siehe: *Natty Dread*.

Natty Dread

Siehe: *Natty Dread*.

I Shot The Sheriff (Live)

Siehe: *Live!*

No Woman, No Cry (Live At The Roxy)

Eine andere, bislang noch nicht erschienene Live-Fassung des Songs von *Natty Dread* und *Live!*, aufgenommen am 26. Mai 1976 im Roxy, Los Angeles. Etwas langsamer als die Hit-Version, als sei der Song hier bis ins logische, spirituelle Extrem ausgereizt worden.

Who The Cap Fit

Siehe: *Rastaman Vibration.*

Jah Live

Der Song, den Bob zusammen mit Lee Perry als Reaktion auf die Verkündung des Todes von Kaiser Haile Selassie im Jahr 1976 im Harry J.-Studio aufnahm, fast unmittelbar darauf als Tuff Gong-, später als Island-Single veröffentlichte, wurde hier endlich auf ein Album gebracht. Als langsame und vollkommen stolze Performance strahlt der Song ein ausgereiftes und grundsolides Selbstvertrauen aus, das Bobs intensiven Glauben an seinen selbstgewählten Lebensstil so deutlich unterstreicht wie vermutlich keine andere seiner Aufnahmen.

Crazy Baldheads

Siehe: *Rastaman Vibration.*

War

Siehe: *Rastaman Vibration.*

Johnny Was

Siehe: *Rastaman Vibration.*

Rat Race

Siehe: *Rastaman Vibration.*

Jammin' (12"-Mix)

Eine längere, anfangs etwas flache, doch letztendlich epische Version. Siehe: *Exodus.*

Waiting In Vain

Der *Advert Mix,* ursprünglich auf der Rückseite der Promo-Single, mit einem etwas harten „Toasting" von Bob als Intro, jedoch eingebettet in einen kompakteren, eher technischen Mix. Siehe: *Exodus.*

Exodus (12"-Mix)

Eine über siebenminütige Aufnahme mit einem leidenschaftlichen Dub-Ende. Siehe: *Exodus.*

Natural Mystic

Siehe: *Exodus.*

Three Little Birds

Bislang unveröffentlichter alternativer Mix mit einem Hauch mehr Echo und einem sanften, bluesigen Gitarrenpart. Siehe: *Exodus.*

Running Away

Siehe: *Kaya.*

Keep On Moving

Die *London Version,* produziert von Lee Perry, mit Musikern, zu denen der Drummer der Gruppe Aswad, Richie Daley, Cat Coore und Ibo Cooper von Third World gehörten. Ein Song des (auf dem Cover nicht erwähnten) Curtis Mayfield, den die Wailers vorher schon einmal aufgenommen hatten (siehe: *Soul Revolution*) und der nun, da Bob sich aufgrund des Anschlags auf ihn im Londoner

Exil befand, eine neue Bedeutung erfuhr. Bob nennt hier wehmütig die Namen seiner Kinder und verrät persönliche Details über die finanzielle Lage seiner Familie (!) in einer Darbietung, die weit vom trotzbeladenen Original entfernt ist.

Easy Skanking

Siehe: *Kaya*.

Is This Love?

Ein Bläser-Mix. Der Song profitiert eindeutig vom zusätzlichen Schwung der vorher im Mix untergegangenen Bläsersätze. Siehe: *Kaya*.

Smile Jamaica

Ein zusammen mit Lee Perry komponierter Titel, von dem in Jamaika außerdem noch eine Dub-Version auf zwei getrennten 7"-Singles über Tuff Gong und Smile erschien. *Smile Jamaica* ist eine langsame, aber überraschend heißblütige Ode auf Bobs Heimatland, aufgenommen auf Geheiß des Premierministers Michael Manley für das „Smile Jamaica"-Konzert. Ein paar Tage vor diesem Konzert wurde Bob angeschossen. Wenn Manley von diesem Song einen vergnügten Kniefall für die Touristen erwartet hat, so ist er wohl enttäuscht worden. *Smile Jamaica* ist fast schon eine Rüge an ein Land, dem es nicht gelingen will, die guten Seiten des Lebens zu genießen. Später wurde dieser Song zur Hymne beim Hurricane Gilbert-Benefizkonzert in London am 16. Oktober 1988.

Time Will Tell

Siehe: *Kaya*.

CD 3

Africa Unite

Siehe: *Survival.*

One Drop

Siehe: *Survival.*

One Dub

Leidenschaftliche, kompakte Dub-Version des vorigen Eintrags. Ursprünglich die B-Seite von *One Drop* auf einer 7"-Tuff Gong-Single.

Zimbabwe

Siehe: *Survival.*

So Much Trouble

Siehe: *Survival.*

Ride Natty Ride (12"-Mix)

Länger als das Original, mit einem klareren Mix und mehr Reverb-Effekten. Siehe: *Survival.*

Babylon System

Siehe: *Survival.*

Coming In From The Cold (12"-Mix)

Noch ein Dub-Mix. Siehe: *Uprising.*

Real Situation

Siehe: *Uprising*.

Bad Card

Siehe: *Uprising*.

Could You Be Loved (12"-Mix)

Eine ausgedehntere Aufnahme, die damals gut in die amerikanischen Diskos passte. Kurioserweise ähnlich dem spartanischen Disko-Sound, mit dem die Gruppe Chic im gleichen Umfeld zu Stars wurde. Siehe: *Uprising*.

Forever Loving Jah

Siehe: *Uprising*.

Rastaman Live Up

Siehe: *Confrontation*.

Give Thanks And Praise

Siehe: *Confrontation*.

One Love/People Get Ready (12"-Mix)

Ein vermutlich 1984er Remix der *Exodus*-Version des Studio One-Hits. Siehe: *The Wailing Wailers/Exodus*.

Why Should I

Das Original hiervon wurde 1971 aufgenommen und 1992 als (weniger erfolgreiche) Nachfolge-Single von *Iron Zion Lion* neu produziert.

Redemption Song

Aufgenommen während Bobs letztem Live-Konzert am 23. September 1980 in Pittsburgh, Pennsylvania. Einen Tag zuvor wurde bei Bob ein Hirntumor diagnostiziert. Als Akustik-Song ist diese Version von *Uprising* eine aufmunternde Stadion-Hymne, doch im Zusammenhang mit den Ereignissen gesehen gleichzeitig auch ein herzzerreißender Titel.

Bob Marley & The Wailers: Songs Of Freedom 15 Track Sampler

(Tuff Gong TGCS 1, August 1992)

Nur als Promo-CD und Appetithappen für das Box-Set.

Simmer Down, Put It On, Nice Time, Soul Rebel, Trenchtown Rock, Slave Driver, Burnin' And Lootin', No Woman, No Cry (Live At The Roxy), War, Jammin' (12" Mix), Time Will Tell, Africa Unite, Coming In From The Cold, Could You Be Loved (12" Mix), Redemption Song (Live).

Bob Marley & The Wailers: Natural Mystic The Legend Lives On

(Tuff Gong/Island CD BMW2/524 103-2, 1995)

Natural Mystic, Easy Skanking, Iron Lion Zion, Crazy Baldheads, So Much Trouble In The World, War, Africa Unite, Trenchtown Rock (Live), Keep On Moving, Sun Is Shining, Who The Cap Fit, One Drop, Roots, Rock, Reggae, Pimper's Paradise, Time Will Tell.

Bob Marley & The Wailers: Natural Mystic The Legend Lives On

(Tuff Gong/Island CD 548 907-2, 21. Mai 2002)

Bonus Track: *Positive Vibration.*

Das Frontcover und der Inhalt von *Natural Mystic* spiegelt in gewisser Weise die zurückhaltende und geschmackvolle Art des Albums *Legend* wider, doch angesichts der Stärke von Bobs Island-Katalog würde es sich sowieso als nicht besonders schwierig erweisen, viele ähnliche Zusammenstellungen desselben Kalibers auf den Markt zu bringen. Eine starke und gut präsentierte Auswahl.

Bob Marley: Dreams Of Freedom Ambient Translations Of Bob Marley In Dub

(Axiom/Island LP/CD 524 419-2, 23. September 1997)

Rebel Music (3 O'Clock Road Block), No Woman, No Cry, The Heathen, Them Belly Full (But We Hungry), Waiting In Vain, So Much Trouble In The World/Exodus, Burnin' And Lootin', Is This Love?, One Love (People Get Ready), Midnight Ravers.

„Mit instrumentalen Overdubs und erweiterten Hintergrund-Mixes von elf Klassikern von Bob Marley & The Wailers, nachbearbeitet im Dub-Stil von Bill Laswell für Axiom Records" (so die Cover-Notiz) repräsentiert *Dreams Of Freedom* einen mutigen Versuch, dem Wailers-Sound noch eine weitere Facette hinzuzufügen. Langjährige Fans warten bislang immer noch auf ein offizielles Dub-Album von Tuff Gong und müssen auch weiterhin mit den paar JAD-Sets zurechtkommen, die man aus 7"-B-Seiten zusammengeschustert hat.

Es gab große Enttäuschung unter den Kennern, als dieses Album auf den Markt kam. Ein Kommentator bot sogar allen eine Therapie an, die es nicht schafften, diesen New Age-Sound zu akzeptieren! Doch ehrlich gesagt ist dieses Album gewiss nicht schlecht und es könnte vielleicht sogar dazu beitragen, einige Vorurteile abzubauen. Eine unkomplizierte Dub-LP hätte vielleicht für aktuelle Geschmäcker wie eine Umkehr gewirkt, doch dieser Dub-Versuch klingt eigentlich noch altmodischer als alles, was King Tubby oder Lee Perry in den Siebzigern zu Stande brachten.

Bob Marley
Chant Down Babylon
(Tuff Gong/Island LP/CD 546 404-2, 16. November 1999)

No More Trouble (mit Erykah Badu), *Rebel Music* (mit Krayzie Bone), *Johnny Was* (mit Guru), *Concrete Jungle* (mit Rakim), *Rastaman Chant* (mit Busta Rhymes & Flipmode Squad), *Guiltiness* (mit Lost Boyz feat. Mr. Cheeks), *Turn Your Lights Down Low* (mit Lauryn Hill), *Jammin'* (mit MC Lyte), *Kinky Reggae* (mit The Marley Brothers & The Ghetto Youths Crew), *Roots, Rock, Reggae* (mit Steven Tyler & Joe Perry), *Survival*, auch bekannt unter *Black Survivors* (mit Chuck D.), *Burnin' And Lootin'* (mit The Roots feat. Black Thought).

Sollten sich manchem bei *Dreams Of Freedom* schon die Nackenhaare gesträubt haben, so wird diese Veröffentlichung sicherlich noch eins draufsetzen! Der „Kingston Sound System"-Fimmel in den frühen Neunzigern für „Specials"-Ausgaben (populäre Songs, die übernommen und umgearbeitet wurden, um das „Sound System" zu promoten) öffnete die Schleusen für eine Flut an Neubearbeitungen von Bobs Tracks, wobei die verschiedensten Marley-Imitatoren für Stone Love, Silver Hawk und andere jamaikanische Top-Studios über Bobs Titel sangen. Sly & Robbie erforschten ein ähnliches Territorium mit ihren Versionen von *Crazy Baldhead* und *Running Away* mit Beenie Man & Luciano. Eine Reihe anderer Reggae-Produzenten sahen ebenfalls die sich mit Marley-Samples bietenden kommerziellen Möglichkeiten.

Stephen Marley (Bobs und Ritas jüngster Sohn) beaufsichtigte die Zusammenstellung dieser Bob Marley-Klassiker, an denen sich ein weit gefächertes Spektrum der aktuellen Hip Hop-Stars und ein Rock-Künstler beteiligten, um dieses auf Hip Hop basierende Album zu gestalten. Lauryn Hills bewegendes Duett mit Bob wurde besonders bekannt. Doch auch wenn Stephens Projekt die Musik seines Vaters letztlich einem weitaus breiteren amerikanischen Publikum zugänglich machte, als es Bob zu Lebzeiten jemals gelang (wofür man ihm Beifall zollen muss), so ist es doch irgendwie eigenartig, dass diese Updates schon jetzt viel überholter klingen als die Originalaufnahmen.

Bob Marley & The Wailers: One Love The Very Best Of Bob Marley

(Tuff Gong/Island CD 548 830-2, Sommer 2001)

Stir It Up, Get Up, Stand Up, I Shot The Sheriff, Lively Up Yourself, No Woman, No Cry, Roots, Rock, Reggae, Exodus, Jammin', Waiting In Vain, Three Little Birds, Turn Your Lights Down Low, One Love/People Get Ready, Is This Love?, Sun Is Shining, So Much Trouble In The World, Could You Be Loved, Redemption Song, Buffalo Soldier, Iron Lion Zion, I Know A Place.

Ein Greatest Hits-Set, das sich nicht weit über den Tellerrand der etablierten Klassiker hinauswagt, abgesehen von der Lee Perry-Produktion *I Know A Place*, einem unheimlichen und schwermütigen Verzweiflungsschrei aus dem Jahr 1978.

Bob Marley & The Wailers: Live At The Roxy

(Tuff Gong/Island Doppel-CD 0602498010419, 17. Juni 2003)

Disk 1: *Introduction, Trenchtown Rock, Burnin' And Lootin', Them Belly Full (But We Hungry), Rebel Music (3 O'Clock Roadblock), I Shot The Sheriff, Want More, No Woman, No Cry, Lively Up Yourself, Roots, Rock, Reggae, Rat Race.*

Disk 2: Zugaben – *Positive Vibration, Get Up, Stand Up/No More Trouble/War.*

Dieses Mal handelt es sich um das komplette Live-Set, von dem das meiste bereits auf der Deluxe-Edition von *Rastaman Vibration* zu finden ist. Das wahre Verkaufsargument ist Disk 2 mit den kompletten Zugaben einschließlich eines epischen Medleys von *Get Up, Stand Up/No More Trouble/War*, das ein faszinierendes Konzert zu seinem umwerfenden Ende bringt.

Bob Marley & The Wailers: All The Hits

(Rohit RRLP & CD 7757, nur in den USA veröffentlicht, Januar 1991)

Nun ja, hier findet sich fast keiner seiner tatsächlichen Hits, aber deswegen schaffte es das Album trotzdem, auf dem Sammlermarkt mächtiges Aufsehen zu erregen, als es ungefähr zur selben Zeit erschien wie die LP *Talkin' Blues*. Das Album sieht absolut billig und scheußlich aus und ein paar der Titel sind nicht korrekt aufgeführt. Doch verdammt, hier ist ein Haufen Marley-Raritäten, von denen der Großteil über Jahre nicht auf Vinyl erschienen war. Und selbst die Stücke, die bereits einmal veröffentlicht wurden, wie zum Beispiel *Nice Time* und *Hypocrites*, konnte man bislang nie zusammen mit ihren Instrumental-Versionen bekommen, die hier jedem der 10 Songs angehängt wurden.

Die genaue Erklärung aber, woher diese Tapes stammen, bleibt bis heute ein Geheimnis. Das Cover gibt an: „Lizenziert von Bunny Lee. Mit freundlicher Genehmigung von Rita Marley". Da Bunny Lee, ein altgedienter Reggae-Produzent, den Ruf genießt, alles zu erreichen, was er erreichen möchte, ist es keine besondere Überraschung, dass er seine Finger auch bei diesen Tracks im Spiel hatte, die übrigens vom originalen zweispurigen Masterband und nicht von der Master-CD gezogen wurden. In der Hauptsache handelt es sich hier um Tuff Gong-Produktionen, auch wenn ein paar davon wie beispielsweise *Thank You Lord* und *Mellow Mood* aus der Zeit vor Tuff Gong stammen und für das erste eigene Wailers-Label Wail 'N Soul 'M aufgenommen wurden. Außerdem finden sich hier auch ein paar von Lee Perry produzierte Tracks. Es geht das Gerücht, dass mit dieser Entwicklung eigentlich niemand richtig glücklich war, angefangen von Bunny Wailer über Island bis hin zu Tuff Gong, die angekündigt hatten, diese Platte über ihr eigenes Label zu veröffentlichen. Doch als dieses Buch geschrieben wurde, war *All The Hits* bereits seit drei Jahren erhältlich und falls inzwischen niemand dies geändert hat, so wird das Album auch weiterhin erhältlich bleiben. Es wird unter Marley-Sammlern natürlich sehr hoch gehandelt.

Produzenten und Musiker: Verschiedene. Details entnehmen Sie bitte den Tracklisten und Original-LPs.

Redder Than Red

Dieser raue, langsame Skank aus der Zeit um 1973 bezieht sich auf die Umgangssprache: Der Ausdruck „red" steht für heißblütig, stark und zäh.

Nice Time

Der Rocksteady-Klassiker der Wailers aus dem Jahr 1967, in dem es um Liebe und Tanz geht. Die Single, die zuerst in Jamaika bei Wail 'N Soul 'M und bei Doctor Bird in Großbritannien erschien, wurde Mitte der Siebziger von Tuff Gong noch einmal neu aufgelegt und verkaufte sich seitdem konstant. Doch diese Version muss wohl durch ein etwas grobes Echogerät geschickt worden sein (grob deswegen, weil der gesamte Track mit Echo belegt wurde und nicht nur bestimmte Instrumente), was daher für Sammler einen gravierenden Unterschied ausmacht. Außerdem war bis zu diesem Album keine Instrumental-Aufnahme davon zu bekommen. Zu den Musikern gehörten unter anderem Lyn Taitt an der Gitarre und Tommy McCooks Bläsergruppe. In den Archiven befindet sich auch noch eine bislang unveröffentlichte DJ (Rap)-Version von Scotty, die um 1971 aufgenommen wurde.

Hypocrites

Die zweite Hälfte der *Nice Time*-Single, aufgenommen während derselben Sessions und fast genauso populär. Der Rhythmus des Songs wurde seither im Reggae sehr oft übernommen und Bunny Wailer coverte den Track unter dem Titel *Hypocrite* für sein Album *Sings The Wailers*. Die instrumentale Version ist besonders gut gelungen, voll mit exzellenten, kompakten Gitarrenparts.

Mellow Mood

Um 1968, erschienen als Single bei WIRL in Jamaika und bei JAD in den USA. Ein weiterer Wailers-Klassiker und einer von Bobs nachhaltigsten Songs in Jamaika, den Bunny Wailer für die LP *Sings The Wailers* (1980) neu bearbeitete und der auch von Johnny Nash gecovert wurde.

Thank You Lord

Dies ist wieder ein Rocksteady-Juwel (1968); ein Loblied auf Gott in Zeiten vor dem Rastafari. Bunnys und Peters Beiträge sind fantastisch, auch wenn Bobs Stimme in diesem Mix bei weitem die höchste ist. Das Original ist über Wail 'N Soul 'M erschienen. Es gibt noch eine spätere 45er-Version von Trojan, die auch auf den Alben *In The Beginning* und *The Very Best Of The Early Years 1968-74* zu finden ist.

Mr Chatterbox

Eine ausgezeichnete funky Version des Studio One-Titels *Mr Talkative* aus dem Jahr 1970, produziert von Bunny Lee. Nur mit Bob und Bunny Livingston. Erschienen über das jamaikanische und das britische Jackpot-Label, wobei das auf der Original-Pressung einleitend stattfindende Gespräch zwischen Bob und Bunny, in dem sie etwas respektlos über den Reggae-Produzenten Niney The Observer tratschen, hier nicht erscheint.

I've Got To Cry

Korrekter Titel: *My Cup*. Produziert von Lee Perry um 1970. Auch zu finden auf *Soul Rebels* ohne Instrumental-Version.

Hey Happy People

Korrekter Titel: *Soul Almighty*. Details zur Produktion wie beim vorherigen Eintrag. Ebenfalls auf dem Album *Soul Rebels* ohne Instrumental-Version. Diese Aufnahme hier ist ein wenig länger, mit einigen geklauten Improvisationsfetzen von Bob.

Power And More Power

Korrekter Titel: *Satisfy My Soul Jah Jah.* Ursprünglich um 1972 als Tuff Gong-Single erschienen. Ohne jegliche Verbindung zu *Satisfy My Soul/Don't Rock The Boat* ist dies einer der kompromisslosesten Songs, die je über Tuff Gong veröffentlicht wurden. Ein schwergewichtiger, harter Skank mit vereinzelten trockenen, durchdringenden Bläsereinsätzen, die vermutlich von Tommy McCook und „A.N.Deren" stammen. Ein unbekannter Klassiker. Die Instrumental-Version war bis zu diesem Album fast nicht zu bekommen.

I've Got The Action

Korrekter Titel: *Try Me.* Details zur Produktion wie bei *Hey Happy People.* Ohne Instrumental-Version auch auf *Soul Rebels* erschienen.

Bob Marley & The Wailers: Nice Time

(Esoldun/Lagoon REG 1-115, Doppel-Album, circa März 1991)

Hier ist das Album *All The Hits* als Doppel-LP verpackt und mit einer verbesserten Plattenhülle versehen, einschließlich einer Cover-Notiz von Frank Jacques. Siehe: *All The Hits.*

Bob Marley & The Wailers: In A Trench Town

(Lee Perry Music LP RRTG 7757 LP, 2001)

Praktisch dasselbe wie *All The Hits* mit den Instrumental- und Dub-Versionen. Es ist hier nennenswert, da es (unseres Wissens) bislang die einzige jamaikanische Veröffentlichung der Songs ist, die ursprünglich als 7"-Singles herauskamen, und mit handgezeichnetem und handgeschriebenem Cover präsentiert wird.

Bob Marley & The Wailers: The Upsetter Record Shop – Part I The Complete Soul Rebels

(Esoldun/Lagoon LG2 1040, Sommer 1992)

Ein bizarrer Titel für ein Marley-Album, mit einer etwas exzentrischen Cover-Notiz und Trackliste obendrein. Doch die Musik ist über jeden Zweifel erhaben, auch wenn wir alles vorher schon mal gehört haben (entspricht der LP *Soul Rebels*, neu gemischt mit Hilfe des originalen zweispurigen Master-Tapes und mit den Instrumental-Versionen nach jedem Song). Die Reihenfolge unterscheidet sich vom Original, und *Memphis*, ein reines Instrumental, ist nicht dabei. Die Tracks mit veränderten Titeln erweisen sich zwar nicht als neue Songs, doch Sammler wird das nicht stören; sie sind stattdessen dankbar für die wenigen Leckerbissen, die ihnen hier vorgeworfen werden, auch wenn es sich dabei lediglich um die Backing-Tracks der Songs handelt, die sie schon kennen und lieben.

Produziert von Lee Perry. Siehe: *Soul Rebels*.

Tracks: *Soul Rebels, Soul Rebels (Version), No Water Can Quench My Thirst,* (alias *No Water*), *No Water (Version), Rebel Hop* (alias *Rebel's Hop*), *Rebel Hop (Version), No Sympathy, No Sympathy (Version), It's All Right* (alias *It's Alright*), *Reaction, Reaction (Version), Corner Stone, Corner Stone (Version), 400 Years, 400 Years (Version), Make Up* (Korrekter Titel: *My Cup*), *Make Up (Version)* (alias *Version Of Cup*), *Try Me, Try Me (Version), Soul Almighty, Soul Almighty (Version).*

Bob Marley & The Wailers: The Upsetter Record Shop – Part II Rarities

(Esoldun/Lagoon LG2 1044, Sommer 1992)

Die zweite LP der Serie ist ein echtes Sammler-Highlight – ein ganzer Haufen schwer zu findender oder nie zuvor erschienener Masters, die ungefähr aus dem Zeitraum zwischen 1972 und 1977 stammen. Es gibt bezüglich der wahren Herkunft der Tracks immer wieder Kontroversen – *Concrete Jungle, Screw Face* und *Satisfy My*

Soul sind auf alle Fälle keine Produktionen von Lee Perry, sondern eindeutig von Tuff Gong. Auch die Details zu den Aufnahmen sind ein wenig irreführend: Randy's ist sicherlich ein Studio, in dem ein paar der Tracks aufgenommen wurden, doch statt „WIRL" müsste dort eigentlich „Dynamic" stehen, und der Song *Rainbow Country* wurde in keinem anderen Studio aufgenommen als in Lee Perrys Black Ark. Die Behauptung allerdings, die Aufnahmen seien im Hinterzimmer von Perrys Plattenladen produziert worden, der den beiden Alben ihren Titel gab, ist völliger Unsinn. Auch wenn Perry zweifellos oft genug über die wenigen Marketing-Pläne nachdachte, die ihm für die von ihm irgendwo in den engen Grenzen seines Ladenlokals aufgenommenen Wailers-Tracks zur Verfügung standen. Das alles ist jedoch völlig gleichgültig, solange die Worte auf den Plattenhüllen nicht wichtiger werden als die Musik selbst, für die sie lediglich als Information gedacht sind. Im Falle dieses Albums jedoch spricht die Musik ihre eigene deutliche Sprache.

Concrete Jungle

Hier ist die Originalfassung in einer weitaus revoltierenderen und kratzigeren Form als der später auf *Catch A Fire* erschienene Song, bei dem Versuch, die Härte des Lebens, die von den Kingstoniern als „Dungle" bezeichnet wird, in Musik umzusetzen. Datiert auf das Jahr 1972 stammt das Stück ursprünglich von einer 45er-Tuff Gong-Single (US), auch wenn dies hier eine leicht veränderte Variante ist.

Concrete Jungle (Version)

Eine harte instrumentale Variante des vorhergehenden Songs. Nicht zu verwechseln mit *Ammunition*, einer anderen Dub-Version als 45er-Tuff Gong-Single (JA und US).

Screw Faces

Korrekter Titel: *Screwface*. Der Song hat absolut nichts mit Oralsex zu tun, sondern ist ein Kommentar zu jenen ewigen Miesmachern, deren Gesichter sich immer mehr zu hässlichen Fratzen verziehen und die allen anderen um sich herum das Leben zur Hölle machen. Hier geht es darum, dass man sich über das, was die anderen tun oder sagen, nicht ärgern sollte – eine Botschaft, für die Bob, der sich selbst notgedrungen immer als sozialer Außenseiter verstanden hatte (sowohl als Rasta als auch – in der Zeit seiner frühen Karriere – als Ghetto-Bewohner), sich sein ganzes Leben lang einsetzte. Als Single bei Tuff Gong (1972) und bei Punch (UK) erschienen. Diese LP-Version ist jedoch anders als das Original. Vermutlich von Bob Marley & The Wailers produziert.

Screw Faces (Version)

Instrumental-Version des vorhergehenden Titels.

Love Life

Korrekter Titel: *Love Light Shining*. Eine der seltensten Tuff Gong-Singles überhaupt. Es handelt sich um einen entspannten Skank im Schneckentempo, den Lee Perry um 1971 produziert hat. Diese Aufnahme entspricht jedoch nicht der Version, die auf der Single zu finden ist, und bietet wesentlich lebhafteren Gesang von Bob sowie weitaus volleren Hintergrundgesang Ritas als Teil eines Background-Chors, der nicht klingt wie die Wailers. Außerdem ist der Anfang falsch. Die Single hat alles in allem einen etwas sanfteren Ansatz.

Love Life (Version)

Instrumental-Aufnahme des vorhergehenden Titels.

Satisfy My Soul

Es ist weder das *Satisfy My Soul* wie in *Don't Rock My Boat* noch wie auf *Satisfy My Soul Jah Jah* (Tuff Gong 7", 1972), auch wenn der Rhythmus-Track der gleiche ist wie beim letztgenannten, nur in einem anderen Mix. Der Gesang entspricht eher einem Liebeslied als einem Spiritual. Der Song wurde in

Jamaika scheinbar nur über ein Billig-Label gepresst. Eine Tuff Gong-Produktion.

Satisfy My Soul (Version)

Instrumental-Version des vorhergehenden Titels.

Rainbow Country

Der Song hebt sich vom Rest dadurch ab, dass er in einer Zeit aufgenommen wurde, die man gemeinhin als die Klassik-Ära des Reggae bezeichnen könnte: 1975-1976. *Rainbow Country* war nur eins der vielen Masterbänder, die Bob damals in Lee Perrys Black Ark-Studio aufnahm und von denen seitdem rund die Hälfte wieder aufgetaucht ist. Der Text zu *Rainbow Country* wurde teilweise in dem Song *Roots, Rock, Reggae* (von der LP *Kaya*) verwendet; er zeigt Bob in seiner rätselhaftesten Phase, in der er klingt, als sei sein Geist vorwiegend mit esoterischen Dingen beschäftigt: Rasta als ein natürlicher Teil der Landschaft. Der gebrochene und kantige Rhythmus, der von einem fast schon bekifft klingenden Bläsersatz akzentuiert wird, kommt von Perry und Marley, die zusammen eine Magie entwickeln, bei der keiner den anderen dominiert.

Der Track wurde in einem etwas schnelleren Tempo bei Daddy Kool Records in Großbritannien als 12"- und in den USA in sehr kleiner Auflage als 7"-Single bei San Juan Records veröffentlicht. Er erscheint in Europa bzw. Großbritannien außerdem auf vielen Billig-Samplern zusammen mit einem Haufen anderer Tracks, die man immer wieder aufbereitet hat, wie die Songs aus der *Soul Revolution*/Johnny Nash-Ära. Es gibt übrigens noch einen anderen Mix, der noch viel deutlicher als Dub aus Perrys Werkstatt zu identifizieren war, doch der ist bisher nur auf Band in den Archiven versteckt.

Rainbow Country (Version)

Instrumental-Aufnahme des vorhergehenden Titels.

Long Long Winter

Long Long Winter, aufgenommen um 1971 und von Lee Perry produziert, ist einer der obskursten Wailers-Tracks und basiert auf einem Curtis Mayfield-Song, ganz gleich was das Cover auch besagt. Musikalisch gesehen ist dies pures Minimal-Zeug, ähnlich dem Material auf *Soul Revolution;* es bekommt sein Gesicht ausschließlich vom dreistimmigen Satzgesang der Wailers.

Long Long Winter (Version)

Instrumental-Aufnahme des vorhergehenden Titels.

Put It On

Siehe: *Soul Revolution.*

Put It On (Version)

Instrumental-Version des vorhergehenden Titels.

Don't Rock My Boat

Dieser Mix ist leicht verändert. Vermutlich wurde beim Mastering für diese Veröffentlichung auf den gesamten Track ein ziemlich deutliches Echo gelegt. Siehe: *Soul Revolution.*

Don't Rock My Boat (Version)

Instrumental-Aufnahme des vorhergehenden Titels.

Keep On Movin'

Dies ist ein Outtake mit anderem Gesang. Siehe: *Soul Revolution.*

Keep On Movin' (Version)

Instrumental-Version des vorhergehenden Titels.

Bob Marley & The Wailers: In The Beginning

(Trojan TRLS 221, Herbst 1983)

Eine Wühlkiste voller Oldies und Obskurem mit einem Haufen Songs, die Marley-Sammlern nur allzu vertraut sind, gemischt mit einigen wenigen echten Seltenheiten aus den Tiefen der Archive. Die Cover-Kommentare stammen vom damaligen Trojan Label-Manager Patrick Meads, der auch zusammen mit David Hendley für die Zusammenstellung verantwortlich ist. Achtung: Die Details der Cover-Notizen sind häufig nicht korrekt. Die korrekten Details finden Sie im Folgenden. Das Album gehörte außerdem zum Trojan-Box-Set *The Early Years 1969-73*.

Soul Shakedown Party

Der bekannteste Track aus den Leslie Kong-Sessions. Details: *The Best Of The Wailers*.

Adam And Eve

Dieses religiöse Lied, das etwa aus dem Jahr 1970 stammt, wirft den Frauen vor, „die Wurzel allen Übels" zu sein, und ist anscheinend den Sessions entnommen worden, die die Wailers im Auftrag von Dynamic aufnahmen, ganz gleich, was das Cover dazu meint. In Jamaika unter dem Namen The Bob Marley Singers auch als 45er über das Dynamic Sounds Tiger Label erschienen.

Brand New Second-Hand

Auch bekannt unter dem Titel *Secondhand* bietet diese obskure, leicht bedrohliche Tosh-Performance ein Ventil für den Groll, der sich wegen seiner Ex-Freundin bei ihm aufgestaut hat. Zusammen mit einer Dub-Version als Single auf dem Justice League Label (Jamaika) und beim Upsetter Label (US) erschienen. Produziert von Lee Perry um 1971.

Cheer Up

Siehe: *The Best Of The Wailers.*

This Train

Die Wailers probieren es erneut mit einem Gospel-Song, mit dem sie bereits im Studio One experimentiert haben (siehe *One Love*). Diese unbeschwerte Version wurde für Dynamic aufgenommen, wie es die Anwesenheit der Band The Dynamites und der unverkennbare Dynamic-Studio-Sound offenbart, und von den Bob Marley Singers auf einer 7"-Single (Dynamic, Jamaika, 1970) veröffentlicht.

Jah Is Mighty

Eine alternative Version von *Corner Stone* aus dem Album *Soul Rebels*. Langsamer, bestimmter und ein wenig exzentrischer wurde dieser Titel um 1970 für Lee Perry aufgenommen. Obgleich man den Song auch als Single herausbrachte, so schien er doch nie weiter zu kommen als auf einen Billig-Sampler.

Caution

Siehe: *The Best Of The Wailers.*

Thank You Lord

Diese irgendwie öde Aufnahme eines Songs etwa aus dem Jahr 1969-1970, an dem Bob sich schon einige Male versucht hatte, ist ein Gospel völlig ohne Feuer und wird dem unverkennbaren Dynamic-Sound kräftig untreu. Zuerst auf einer 45er-Dynamic-Single erschienen (Jamaika 1970, unter dem Namen The Bob Marley Singers). Als Marley starb, wurde dieser Titel als 45er-Trojan-Single in einer schwarzen Hülle veröffentlicht. Das bessere Original befindet sich auf *Songs Of Freedom, All The Hits* und *Nice Time* und wurde von Tuff Gong ebenfalls als Single herausgebracht.

Keep On Skanking

Wieder ein seltsamer Track. Diese Aufnahme war bis zu dem Zeitpunkt, als dieses Album erschien, so etwas wie der Heilige Gral unter den Marley-Sammlern, die sich auf Singles spezialisiert hatten. Da es aber anscheinend niemals eine Single-Veröffentlichung hiervon gab, war die Suche danach doch eine ziemliche Zeitverschwendung. Mit Marley und Lee Perry im Gesang wurde der Song über Perrys *Black Candle*-Rhythmus (der Original-Sänger auf dem Backing-Track war Leo Graham) als Dub-Scheibe für den britischen Reggae-Produzenten Chris Lane aufgenommen. Lane war gerade in Perrys Black Ark-Studio, um einige Dubs zusammenzuschneiden, als Marley dort auftauchte und den Track mit ein paar Textstellen von Lane an Ort und Stelle auf Band brachte. Ein herrlicher, aber zu sehr berechnender Marley-Track, ursprünglich als Single für das Tuff Set-Label geplant (d.h. Marley und Perry hatten vor, ihre Firmen Tuff Gong und Upsetter zusammenzuschließen). Sowohl das Label als auch die Platte wurden natürlich niemals Wirklichkeit.

Doch dies war damals nicht die einzige Aufnahme des Tracks: Es gibt noch einen weitaus sparsameren Mix, in dem Marley nur von einer Drum- und Bass-Wüste umgeben ist. Lane spielte zum Rhythmus die Bongos ein, woraufhin Perry den Track als *Black Bongo* veröffentlichen wollte, doch die Platte kam nie heraus.

Wisdom

Erschienen in Großbritannien (Trojan) als Rückseite von *Thank You Lord. Wisdom* zeigt Bob in sehr vergnüglicher Stimmung. Produktion: Dynamic Sound, im Jahr 1970 auch erschienen auf dem jamaikanischen Tiger-Label als B-Seite zu *Adam And Eve* unter dem Pseudonym The Bob Marley Singers.

Stop The Train

Siehe: *The Best Of The Wailers.*

Mr Chatterbox

Siehe: *All The Hits.*

Turn Me Loose

Eine veränderte, fast noch bekifftere Variante der Original-Version von *Kaya* (Details des Originals: *Soul Revolution*). Produziert 1974 von Lee Perry aus denselben Sessions wie *Keep On Skanking*. Chris Lane hätte hier übrigens auch als Autor genannt werden müssen, was jedoch nicht der Fall ist. Wie schon bei *Keep On Skanking* existiert auch von diesem Song eine andere, ausdruckslosere, bis jetzt noch nicht veröffentlichte Version.

Bob Marley & The Wailers: The Very Best Of The Early Years 1968-'74

(Music Club MCCD 033, Frühjahr 1992)

Trenchtown Rock, Lively Up Yourself, Soul Almighty, Wisdom, Caution, Cheer Up, Thank You Lord, Stop the Train, This Train, Small Axe, More Axe, Don't Rock My Boat, Keep On Moving, Brand New Second Hand, Kaya, Turn Me Loose, Sun Is Shining, Keep On Skanking.

Noch eine Wühlkiste voller Oldies, nur auf CD und im mittleren Preisbereich. Zusammenstellung und Cover-Kommentare vom Autor. Die Tracks sind dem Trojan-Archiv entnommen. Die einzige Veröffentlichung, auf der *Small Axe* und *More Axe* sowie *Kaya* und *Turn Me Loose* miteinander verglichen werden können.

Bob Marley & The Wailers: The Early Years 1969-1973

(Trojan CD/LP TAL 60 4 CD-Set, September 1993)

Zusammengepackt von Trojan. *Rasta Revolution, African Herbsman, In The Beginning* und *Soul Revolution Volume 2* zusammen in einer CD-Box, die mit einem 60-seitigen großformatigen Booklet mit Fotos aus der Mitte der siebziger Jahre von Dennis Morris bestückt ist.

Bob Marley & The Wailers: In Memoriam

(Trojan 2 CD-Set, CD TAL 400, 1991)

Noch mehr Material, von Trojan zusammengestellt, mit den Highlights aus den Dynamic-, Bunny Lee-, Beverley's- und Upsetter-Katalogen. Die Präsentation ist wie immer exzellent, doch hier gibt es nichts Neues oder Verändertes.

Bob Marley & Friends: Roots Of A Legend

(Trojan 2 CD-Set, CDTAL 901, 1997)

Disk 1: *Shocks Of Mighty* – Lee Perry & Bob Marley, *Shocks Of Mighty (Part Two)* – Lee Perry & Bob Marley, *Dont Let The Sun Catch You Crying* – Dave Barker, *Upsetting Station* – Dave Barker, *Zig Zag* – The Upsetters, *Run For Cover, Long Long Winter, All In One, Copasetic* – The Upsetters, *One In All (All In One) (Part Two), More Axe, Battle Axe* – The Upsetters, *Shocks 71* – Dave Barker & Charlie Ace, *The Axe Man* – The Upsetters, *Send Me That Love, Man To Man, Nicoteen* – The Upsetters, *Don't Rock My Boat, I Like It Like This* – Johnny Lover, *Love Light, Keep On Moving, Mooving Version* – Big Youth, *Rainbow Country.*

Disk 2: *Dreamland, Dreamland* – Winston Wright, *Dreamland* – U Roy, *Dreamland Version Two, The Crimson Pirate* – Peter Tosh, *Arise Blackman* – Peter Tosh, *Rightful Ruler* – Peter Tosh & U Roy, *The Return Of Alcapone* – Peter Tosh, *Maga Dog* – Peter Tosh, *Skanky Dog* – Winston Scotland, *Boney Dog* – The Now Generation, *Downpresser, Moon Dusk* – Peter Tosh, *Rudie's Medley* – Third & Fourth Generation, *Rude Boy Version* – Third & Fourth Generation, *Sun Valley* – Peter Tosh, *Brand New Secondhand, Brand New Secondhand Version* – The Upsetters, *Romper Room* – Peter Tosh, *Them A Fi Get A Beaten* – Peter Tosh, *Get A Beaten* – Third & Fourth Generation, *Selassie Serenade* – Peter Tosh, *Leave My Business* – Peter Tosh.

Disk 1 konzentriert sich ausschließlich auf die altbekannten Upsetter-Aufnahmen, doch auf Disk 2, die sämtliche Solo-Aufnahmen von Peter Tosh für Joe Gibbs und ein paar frühe Orgel-Instrumentals für Bunny Lee enthält, befinden sich ein paar echte Raritäten.

Various Artists
Tribute To Bob Marley Box Set

(Trojan 3 CD-Box-Set, TRBCD 006, 1999)

Es ist nichts Neues, dass viele Kommentatoren im Lauf der Jahre immer wieder versucht haben, die Musik von Bob Marley & The Wailers vom Mainstream-Reggae abzugrenzen, da ihre Musik angeblich so viel „besser" sei als der normale Reggae. Natürlich ist das Gegenteil genauso wahr. „Echte" Reggae-Fans sind dafür bekannt gewesen, dass sie sich stets darüber beschwerten, ihre Musik sei dabei, vom „richtigen" Reggae zum Massenkonsumartikel zu verwässern. Doch eigentlich ist keins der Argumente wahr, und dieses Set geht mit seiner Auswahl an Jamaikas bestem „Singing", „DJ-ing" und „Version-ing" einiger Tracks aus dem Repertoire Bob Marleys ein Stück des Weges, diese Argumente zu widerlegen. Ein paar davon sind einfach nur ganz unkomplizierte Einnahmequellen – hier seien keine Namen genannt –, während andere den Songs eine vollkommen neue Bedeutung verleihen.

Various Artists: Bob Marley & Friends Box Set

(Trojan 3 CD-Box-Set, TJETD 028, 2002)

Hier sind einige ausführliche Zitate aus den Cover-Kommentaren dieser Zusammenstellung (mit freundlicher Genehmigung des hier schreibenden Autors), mit denen versucht werden soll, die Musik von Bob Marley & The Wailers in ihren eigentlichen jamaikanischen Kontext zu bringen.

Eine starke Zusammenstellung „der Arbeit vieler der Musiker, Sänger und sogar Produzenten, die ebenfalls zu einem Teil der Legende geworden sind ... auch wenn Bob Marley das Verbindungsglied ist, das die Aufnahmen auf dieser Sammlung untereinander vernetzt, so hatte er doch sehr wenig mit der Entstehung eines Großteils dieser Tracks zu tun ... die Musik von Bob Marley & The Wailers hüpfte nicht bereits fertig ausgefeilt auf das Vinyl von *Catch A Fire*, sondern war das Ergebnis jahrelanger harter Arbeit, untergetaucht im brodelnden Hexenkessel der musikalischen Aktivitäten Kingstons, und dieses Set ist ein treffender Hinweis auf diese Tatsache."

Bob Marley & The Wailers: Trenchtown Rock Anthology 1969-1978

(Trojan 2 CD-Set, TJDDD 018, 2002)

Eine weitere Sammlung, aus denselben Quellen wie das Album *In Memoriam*, und auch hier gibt es weder etwas Neues noch eine Veränderung.

Trojan hat bislang eine Reihe verschiedener Marley-Sets von gemischtem Interesse auf den Markt gebracht, einschließlich des 1995 erschienenen *Bob Marley 50th Birthday Commemorative Set* (CDTAL800), bestehend aus fünf CD-Singles Limited Edition mit Versionen der Songs *Keep On Moving, Duppy Conqueror, Small Axe, Kaya* und *Dreamland* sowie verschiedenen Varianten der Singles auf weiteren separaten CDs und noch einiges mehr.

The Upsetter Singles Box Set (TJLBX032) aus dem Jahr 2002 ist ein wunderschönes Paket, das acht Reproduktionen von 7"-Vinyl-Singles des britischen Upsetter-Labels beinhaltet. Allesamt ca. 1970-1971 zum ersten Mal erschienen und ausgestattet mit ihren jeweiligen originalen B-Seiten.

In den Bob Marley & The Wailers *Archive Series* (Trojan/Rialto RMCD 206, RMCD 223 & RMCD 237) befindet sich nichts, was nicht schon bekannt wäre.

The Wailers: Solomonic Present The Never Ending Wailers
(RAS CD/LP 3501, 1993)

I'm Still Wailing, Dutch Pot, Hammer, Rescue Me, Hurts To Be Alone, Together Again, Music Lesson, Nice Time, How Many Times, Coolie Plum Tree.

Bunny Wailer überarbeitet und erweitert eine Sammlung von zuvor unveröffentlichten Zwei-Spur-Tapes aus der Zeit zwischen 1968 und 1971 mit Hilfe der originalen Wailers, Junior Braithwaite und Constantine „Vision" Walker sowie Peters Sohn Andrew Tosh. Neue Rhythmus-Tracks, Instrumente, Stimmen und Gesangssätze wurden zu den ursprünglichen Tracks eingespielt. Das Album wird mit dem Studio One-Klassiker *I'm Still Waiting*, hier natürlich umbenannt in *I'm Still Wailing*, eingeleitet und mit *Music Lesson* fortgesetzt, einer der besten Songs von Bob, der sich im Jahr 1985 nach seiner 7"-Single-Veröffentlichung in London (Tuff Gong) als ansehnlicher Hit entpuppte.

Die Studiosessions liefen natürlich nicht ohne Komplikationen ab, und der vielleicht aussagekräftigste Song dieser Zeit, *False Beneficiaries*, ist nicht einmal in das Set integriert worden. In einer beißenden, nur in Jamaika bei Tuff Gong erschienenen 7"-Single des Jahres 1994 schimpft Bunny über all diejenigen, die er als Trittbrettfahrer und Schleimer entlarvt und die nur versuchen wollen, ein Stückchen vom Wailers-Kuchen abzubekommen. Es ist eine unbarmherzige Warnung an jeden, die Hände von der Hinterlassenschaft der Wailers zu lassen.

Bob Marley: The Complete Wailers 1967-1972 Part One

(CD: JAD 474326 PM 599/3er-LP: JAD AB0689 1, 1997)

Auch erhältlich bei Koch International (JAD CD 007) mit englischen Cover-Kommentaren.

Disk 1: *Rock To The Rock 1968*

Rock To The Rock, Rocking Steady, How Many Times, Touch Me, Mellow Mood, There She Goes, Soul Rebel, Put It On, Chances Are, Love, Bend Down Low, The World Is Changing, Nice Time, Treat You Right, What Goes Around Comes Around, What Goes Around Comes Around (Version).

Produziert von Johnny Nash & Arthur Jenkins.

Disk 2: *Selassie Is the Chapel 1968-69-70*

*Don't Rock My Boat, The Lord Will Make A Way, Chances Are, Selassie Is The Chapel**, *Tread Oh, Feel Alright, Rhythm, Rocking Steady, Adam And Eve***, *Wisdom***, *This Train***, *Thank You Lord***, *Give Me A Ticket* (auch bekannt als *The Letter*), *Trouble On The Road Again, Black Progress, Black Progress (Version), Tread Oh (Version).*

Produziert von Wail 'N Soul 'M/Tuff Gong außer:

* Produziert von Mortimo Planno,

** Produziert von Ted Pouder.

Disk 3: *Best Of The Wailers 1970*

*Sugar Sugar**, *Stop The Train, Cheer Up, Soon Come, Soul Captives, Go Tell It On The Mountain, Can't You See, Give Me A Ticket* (alias *The Letter*)**, *Hold On To This Feeling***, *Mr Chatterbox****, *Soul Shake Down (Version), Soon Come (Version), Mr Chatterbox (Version)****, *Hold On To This Feeling (Version)***

Produziert von Leslie Kong/Beverley's außer:

* Produziert von Randy's,

** Produziert von Wail 'N Soul 'M/Tuff Gong,

*** Produziert von Bunny Lee.

Bob Marley & The Wailers: The Complete Bob Marley & The Wailers 1967-1972 Part Two

(JAD CD: 823267 2 PM 599/4er LP: JAD AB0698 1, 1997)

Disk 1: *Soul Rebel 1970*

Try Me, It's Alright, No Sympathy, My Cup, Soul Almighty, Rebel's Hop, Corner Stone, Four Hundred Years, No Water, Reaction, Version/Dub Tracks von The Upsetters: *My Sympathy, Soul Rebel, Try Me, It's Alright, No Sympathy, My Cup, Soul Almighty, Rebel's Hop, Corner Stone, No Water* (fehlerhafter Anfang), *No Water, Reaction, Rebel (Version).*

Disk 2: *Soul Revolution Part Two 1970*

Keep On Moving, Put It On, Fussing And Fighting, Memphis, Riding High, Kaya, African Herbsman, Stand Alone, Brain Washing, Version/Dub Tracks von The Upsetters: *Keep On Moving, Don't Rock My Boat, Put It On, Fussing And Fighting, Duppy (Version), Memphis, Riding High, Kaya, African Herbsman, Stand Alone, Sun Is Shining, Brain Washing.*

Disk 3: *More Axe 1970-71*

Kaya (alternativ), *Love Light, Second Hand, Jah Is Mighty, Run For Cover, Man To Man, Downpresser, Don't Rock My Boat* (alternativ), *More Axe, Long Long Winter, All In One, Turn Me Loose,* Version/Dub Tracks von The Upsetters: *Kaya (Scat Mix), Battle Axe, Long Long Winter, Second Hand, Downpresser, Shocks Of Mighty, Axe Man, Nicoteen.*

Produziert von Lee Perry.

Bob Marley & The Wailers: The Complete Bob Marley & The Wailers 1967-1972 Part Three

(JAD CD: 495250 2 PM 596/Doppel-LP: JAD AB 07521, 1998)

Disk 1: *Keep On Skanking 1971-72*

All In One (alternativ), *All In One (Part Two), Keep On Skanking, Dreamland, Love Light* (alternativ), *Brand New Second Hand* (fehlerhafter Anfang), *Brand New Second Hand, Shocks Of Mighty, Keep On Moving (extended) (Part One), Keep On Moving (extended) (Part Two), Keep On Moving (extended) (Part Three), Concrete Jungle**, *Screw Face* (alternativ)*, *Satisfy My Soul Babe*, Send Me That Love*, Comma Comma*.*

Dub-Tracks: *Jungle Dub*, Dracula, Love Light, Dreamland, Face Man*, Satisfy My Soul Babe*.*

Produziert von Lee Perry außer:

* Produziert von Tuff Gong.

Disk 2: *Satisfy My Soul Jah 1971-72*

Screw Face (alternativ), *Redder Than Red, Lively Up Yourself, Trouble Dub*, Dub Feeling*, Satisfy My Soul Jah Jah, Kingston 12 Shuffle (feat. U Roy)* (Melodika-Version), *Pour Down The Sunshine, Gonna Get You**, Cry To Me (acoustic)**, Reggae On Broadway**, I'm Hurting Inside**, Oh Lord, Got To Get There**, Dance Do The Reggae**, Stay With Me**, Guava Jelly.*

Dub-Tracks: *Guava, Red, Live, Samba, Screw Face, Kingston 12 Shuffle, Choke, Satisfy My Soul Jah Jah.*

Produziert von Tuff Gong außer:

* Produziert von Aston „Family Man“ Barrett,

** Produziert von Johnny Nash.

Bob Marley & The Wailers: The Complete Bob Marley & The Wailers 1967-1972 Freedom Time Part Four 1968

(CD: JAD 537324-2 PM 580, 2002, Doppel-LP: JAD AB 1233-1 PM 580, 2002)

Ziemlich verwirrend untertitelt mit *Freedom Time Part Four* auf der Vinyl-Fassung und mit *Freedom Time Volume Nine* auf der CD, obwohl die Tracks zwar in leicht veränderter Reihenfolge erscheinen, aber ansonsten genau dieselben sind.

Hypocrites (alternativ), *Freedom Time, Lyrical Satirical I, This Train* (alternativ), *Funeral, Pound Get A Blow, Stepping Razor, I'm Hurting Inside, Dem A Fi Get A Beatin', Fire Fire, Play Play.*

Soul-Mixes: *Bend Down Low, Nice Time, Rocking Steady, Rock To The Rock, Chances Are, Mellow Mood, Love, Rhapsody (featuring Rita Marley).*

Demos: *Falling In And Out Of Love, Splish For My Splash, Stranger On The Shore, Hypocrites (Version).*

Bob Marley & The Wailers: The Complete Bob Marley & The Wailers 1967-1972 Part Five Soul Adventurer

(Doppel-LP: JAD AB 1234-1 PM 580, 2002)

Soul Rebel (alternativ), *Sun Is Shining* – Johnny Lover, *Keep On Moving* (alternativ), *It's Alright, Duppy Conqueror (Version Four), I Like It Like This* – Johnny Lover, *Concrete Jungle* (alternativ)*, *Kingston 12 Shuffle* – U Roy*, *Put It On, No Sympathy, Reaction, Man To Man* (alternativ), *Natural Mystic, Rainbow Country, Don't Rock My Boat,* Versions/Dubs: *Natural Mystic, Rainbow Country, Sun Is Shining, Red (Redder Than Red)*, Zig Zag (Duppy Conqueror).*

Produziert von Lee Perry außer:

* Produziert von The Wailers.

Bob Marley & The Wailers: The Complete Bob Marley & The Wailers 1967-1972 Lonesome Feeling Part Six

(JAD-LP 542 222-1 PM 262, 2002)

Head Corner Stone, More Axe* (alternativ)*, *Satisfy My Soul Babe* (alternativ)*, *Satisfy My Soul Jah Jah Dub*, More Axe* (alternativ)*, *A Little Prayer (feat. Mortimo Planno)**, Lonesome Feeling* (alternativ), *Oh Lord I've Got To Get There, Reggae On Broadway, Lonely Girl (feat. Rita Marley), Milk Shake And Potato Chips, It Hurts To Be Alone* (alternativ), *Rock To The Rock (Acapella).*

Produziert von Johnny Nash & Arthur Jenkins,

* Produziert von The Wailers,

** Produziert von Mortimo Planno.

Diese umfangreichen Sammlungen sind zuerst in Frankreich erschienen, obwohl einige Teile der Serie später auch von Koch in Großbritannien herausgebracht wurden. Die französischen Veröffentlichungen fielen verschiedenen Export-Embargos zum Opfer und waren daher nur in geringem Umfang erhältlich. So kann es durchaus auch möglich sein, dass einige von den Tonträgern, die entweder nur als LP oder nur als CD aufgelistet sind, auch auf beiden Medien erschienen sein können. Diese Doppel-, Dreifach- oder Vierfach-CDs und -LPs sollten sämtliche Songs von Bob Marley & The Wailers enthalten (abgesehen lediglich von bestimmten Titeln, die aus „rechtlichen Gründen" nicht in die Sammlungen integriert werden konnten), die in der Zeit zwischen dem Weggang beim Studio One im Jahr 1967 und der Vertragsunterzeichnung bei Island 1972 aufgenommen wurden.

Die Sound-Qualität ist durchweg einwandfrei, die Präsentation extrem eindrucksvoll und die Alben enthalten mehr bislang unveröffentlichte Fotos, Bilder der Platten-Labels und artverwandte kurzlebige Titel, alternative Versionen und noch nicht erschienene Aufnahmen, um auch die anspruchsvollsten und penibelsten Fans und Sammler zufrieden zu stellen ... und genau hier liegt die Wurzel allen Übels bei diesem Projekt. Die Zusammenstellung dieser Sets kostete eine Reihe anerkannter und hingebungsvoller Marley-Sammler einen unglaublichen Aufwand an Recherchen und harter Arbeit, und folglich sind diese Alben auch eher auf die engagierten Bob Marley-Fans ausgerichtet als auf den nicht so sehr involvierten Otto Normalverbraucher.

Doch leider ziehen es die echten Fans vor, horrende Summen für eine zerkratzte oder anderweitig verunstaltete originale Jamaika- oder UK-Ausgabe einer 7"-Single zu zahlen. Wegen der Einschränkung, dass diese Sammlungen nur aus Frankreich zu erhalten waren, haben diese Alben nicht den Bekanntheitsgrad erreichen können, den sie so sehr verdient hätten. Die Cover-Notizen sind in französischer Sprache geschrieben (außer bei den britischen Veröffentlichungen des ersten und dritten Teils). Die Art, wie die Alben zusammengestellt wurden, lässt zum Teil Geschlossenheit und Kontinuität vermissen. Tracks aus unterschiedlichen Perioden und von verschiedenen Produzenten wurden miteinander vermengt, die alternativen Aufnahmen sind nicht ordentlich sortiert und die Gesangs-Versionen passen nicht zu ihren instrumentalen Gegenstücken. Das Gesamtbild wird dadurch leider getrübt und folglich ist es nicht leicht, sich daheim hinzusetzen und irgendeines dieser Alben ganz durchzuhören.

Aber vielleicht ist das alles sehr kleinlich und lässt daher den Zusammenhang vermissen. Sicherlich es ist völlig falsch, einer derart inspirierten Arbeit so kritisch gegenüberzustehen. Allerdings entspringt diese Kritik nicht nur einer persönlichen zynischen Sichtweise, sondern sie ist der Konsens der Meinungen vieler Menschen, die sich ernsthaft mit der Musik und dem Vermächtnis von Bob Marley & The Wailers beschäftigen. Ein befreundeter Fan erzählte mir, dass sämtliche Alben dieser Serie Musik von atemberaubender Schönheit mit einem fast schon unglaublichen Seltenheitswert bieten (*Freedom Time* enthält zum Beispiel die umfassendste Wail 'N Soul 'M-Auswahl, die je zusammengestellt wurde) und dass sie eher für gelegentliche Kostproben gedacht seien als zum kompletten Durchhören.

Es wird gemunkelt, Island/Tuff Gong stünden in Verhandlungen, dieses meisterhafte historische Werk irgendwann in nicht allzu ferner Zukunft neu zu veröffentlichen (Stand: Winter 2003). All die harte Arbeit des Zusammentragens wurde bereits getan, doch mit ein wenig mehr logischer und chronologischer Bearbeitung (unter Einbeziehung der fehlenden Tracks) könnte dies durchaus *das* Standard-Dokument der gesamten Arbeit von Bob Marley & The Wailers in – so die Experten – ihrer wichtigsten und kreativsten Periode werden.

Außerdem ist noch eine ganze Menge faszinierendes Promo-Material in Form von CDs, CD-Singles, 10"-Vinyl-Singles und 7"-Vinyl-Singles erschienen – zu zahlreich um hier einzeln aufgelistet zu werden –, das sicherlich auch noch in dieses Projekt mit einbezogen werden könnte.

Bob Marley & The Wailers: Jungle Dub

(JAD LP AB 0759 1, 1998)

Jungle Dub (Concrete Jungle), Dracula (Who Is Mr Brown), Love Light (Version), Dreamland (Version), Face Man (Screw Face), Satisfy My Soul Babe (Version), Guava (Guava Jelly), Red (Redder Than Red),

Live (Lively Up Yourself), Samba (Lick Samba), Screwface (Version), Grooving Kingston 12 (Trenchtown Rock), Choke (Craven Choke Puppy), Satisfy My Soul Jah Jah (Version).

Bob Marley & The Wailers: Jungle Dub Part Two
(JAD LP AB 1075, 2001)

Keep On Moving (Version), Kaya (Scat Mix), Soul Rebel (Version), Kingston 12 Shuffle (featuring U Roy) (Melodika-Version), *Battle Axe (Small Axe), Bend Down Low (Acapella), Corner Stone (Version), Put It On (Version), Memphis (Version), Black Progress (Version), Rebel's Hop (Version), Satisfy My Soul Jah Jah (Version), Chances Are (Acapella).*

Diese beiden nur auf Vinyl erhältlichen Alben (soweit bekannt) in ihrem eindrucksvollen schwarzweißen Cover zeigen, wie erfolgreich eine *Complete Wailers*-Ausgabe sein kann, wenn sie ordentlich zusammengestellt wurde und, was noch wichtiger ist, wie exzellent eine Island/Tuff Gong-Dub-LP sein könnte. Die Mixes der Upsetter- und Tuff Gong-Dubs demonstrieren hier, wie sehr Lee Perry und Bob Marley voneinander gelernt haben und wie perfekt sich ihre jeweiligen Talente ergänzten. Für Nichteingeweihte mag die Idee einer Bob Marley-LP, bei der Bobs Stimme aus dem Mix herausgenommen wurde, ein wenig seltsam erscheinen, aber diese Tracks beweisen, wie vital der Rhythmus in Bobs Arbeiten ist und wie wichtig er für seine Songs immer war.

Bob Marley: Soul Almighty The Formative Years Vol. One
(Anansi enhanced CD ANAECD 1001, 1996)

Rock Steady, Splish For My Splash, Gonna Get You, Bend Down Low, Put It On, Mellow Mood, Fallin' In And Out Of Love, What Goes Around Comes Around, Stranger On The Shore, Splish For My Splash

(Remix), What Goes Around Comes Around (Remix), Fallin' In And Out Of Love (Remix).

Produziert von Joe Venneri und Arthur Jenkins.

Beinhaltet den originalen, 1967-1968 in Jamaika aufgenommenen Gesang, der dann in New York bearbeitet wurde, um die Wailers versuchsweise in den Soul-Markt einzuführen. Ein interessanter früher Versuch Bob Marley den Massen vorzustellen – seltsam, dass hierbei die kompromisslosesten Elemente seiner Musik letztlich doch noch den lang erwartenden Erfolg erzielen konnten.

Haile Selassie I featuring Bob Marley & The Wailers: War

(Rastafari Records: CD BBCP 2001, 2000)

Introduction – Bob Marley, *War/Selassie Is The Chapel* – Haile Selassie I & Bob Marley & The Wailers, *War* – Buffalo Bill, *Peace* – Wailers Band, *War* – Bruno Blum, *War* – Haile Selassie I, *Warmongers* – Buffalo Bill, *Guerre* – Bruno Blum, *War/Selassie In Dub* – Wailers Band, *War Dub* – Wailers Band.

Produziert von Bruno Blum.

Viele bekamen sowohl Bobs Vertonung von Haile Selassies Rede vor den Vereinten Nationen aus dem Jahr 1963 als auch seinen militantesten Song aller Zeiten zu hören. Bruno Blum bringt das Ganze hier zu einem logischen Abschluss und legt einen Overdub aus Selassies Original-Rede, einigen Verkündigungen Bobs bezüglich Selassies Göttlichkeit und Samples aus dem Song *Selassie Is The Chapel* über den neu bearbeiteten Wailers-Rhythmus zu *War*.

Die moderne Technik sorgt dafür, dass all dies zu einer homogenen Einheit verschmelzen kann.

Bob Marley & The Wailers: Crying For Freedom

(Time Wind, Holland 3er-LP-Set, Datum unbekannt, möglicherweise 1984)

Ein Dreifach-Album von durchschnittlicher Qualität, auf dem sich vieles wiederfindet, was schon auf anderen Alben zusammengetragen wurde. Es sind noch einige andere Marley-Billig-Sets erhältlich. Generell sollte man diesem mehrfach recycelten Material aus den Lee Perry-, Leslie Kong- und Sims/Nash/Jenkins-Sessions, oftmals in minderwertiger Qualität, aus dem Weg gehen.

LP 1: *Mr Brown, Rebel's Hop, 400 Years, Soul Almighty, Lively Up Yourself, Small Axe, Trenchtown Rock, All In One, Keep On Moving.*
LP 2: Die gesamte *Best Of The Wailers*-LP.
LP 3: Die gesamte *Soul Revolution*-LP, einschließlich *Keep On Moving,* das bereits auf der ersten LP dieses Sets zu finden ist!

Es gibt noch andere CD-Box-Sets zu reduzierten Preisen auf dem europäischen Markt, auf denen fast immer das gleiche Material zu finden ist, dazu gelegentlich auch *Natural Mystic* (Lee Perry-Version) und *Rainbow Country.*

Im Laufe der Jahre haben sich immer mehr Tracks wie Beiboote an ein Schiff an die anscheinend endlose Wiederaufbereitungs-Maschinerie der Lee Perry-, Beverley's- und JAD-Produktionen gehängt, einschließlich *I Know A Place, Who Colt The Game* und der größte Teil der *All The Hits*-Sammlung von Rohit. Anscheinend sind mittlerweile (Winter 2003) rechtliche Schritte unternommen worden, um all diesen Veröffentlichungen endlich Einhalt zu bieten.

Es gibt keinerlei Zweifel, dass die Musik auf diesen Samplern einige tolle Highlights bereithält – es geht nur darum, dass sie so oft, immer und immer wieder auf den Markt geworfen werden, dass sie deshalb auf dem besten Wege sind, ihre Bedeutung zu verlieren. Und das wäre eine Schande.

Index